AFRIKAANS
VOCABULÁRIO

PALAVRAS MAIS ÚTEIS

PORTUGUÊS
AFRIKAANS

Para alargar o seu léxico e apurar
as suas competências linguísticas

5000 palavras

Vocabulário Português-Afrikaans - 5000 palavras
Por Andrey Taranov

Os vocabulários da T&P Books destinam-se a ajudar a aprender, a memorizar, e a rever palavras estrangeiras. O dicionário é dividido em temas, cobrindo todas as principais esferas de atividades quotidianas, negócios, ciência, cultura, etc.

O processo de aprendizagem, utilizando os dicionários baseados em temáticas da T&P Books dá-lhe as seguintes vantagens:

- Informação de origem corretamente agrupada predetermina o sucesso em fases subsequentes da memorização de palavras
- Disponibilização de palavras derivadas da mesma raiz, o que permite a memorização de unidades de texto (em vez de palavras separadas)
- Pequenas unidades de palavras facilitam o processo de estabelecimento de vínculos associativos necessários para a consolidação do vocabulário
- O nível de conhecimento da língua pode ser estimado pelo número de palavras aprendidas

Copyright © 2018 T&P Books Publishing

Todos os direitos reservados. Nenhuma parte desta publicação pode ser reproduzida, total ou parcialmente, por quaisquer métodos ou processos, sejam eles eletrónicos, mecânicos, de fotocópia ou outros, sem a autorização escrita do editor. Esta publicação não pode ser divulgada, copiada ou distribuída em nenhum formato.

T&P Books Publishing
www.tpbooks.com

ISBN: 978-1-78716-501-4

Este livro também está disponível em formato E-book.
Por favor visite www.tpbooks.com ou as principais livrarias on-line.

VOCABULÁRIO AFRIKAANS
palavras mais úteis

Os vocabulários da T&P Books destinam-se a ajudar a aprender, a memorizar, e a rever palavras estrangeiras. O vocabulário contém mais de 5000 palavras de uso comum organizadas tematicamente.

O vocabulário contém as palavras mais comummente usadas
Recomendado como adicional para qualquer curso de línguas
Satisfaz as necessidades dos iniciados e dos alunos avançados de línguas estrangeiras
Conveniente para o uso diário, sessões de revisão e atividades de auto-teste
Permite avaliar o seu vocabulário

Características especias do vocabulário

- As palavras estão organizadas de acordo com o seu significado, e não por ordem alfabética
- As palavras são apresentadas em três colunas para facilitar os processos de revisão e auto-teste
- As palavras compostas são divididas em pequenos blocos para facilitar o processo de aprendizagem
- O vocabulário oferece uma transcrição simples e adequada de cada palavra estrangeira

O vocabulário contém 155 tópicos incluindo:

Conceitos básicos, Números, Cores, Meses, Estações do ano, Unidades de medida, Roupas & Acessórios, Alimentos & Nutrição, Restaurante, Membros da Família, Parentes, Caráter, Sentimentos, Emoções, Doenças, Cidade, Passeios, Compras, Dinheiro, Casa, Lar, Escritório, Trabalho no Escritório, Importação & Exportação, Marketing, Pesquisa de Emprego, Desportos, Educação, Computador, Internet, Ferramentas, Natureza, Países, Nacionalidades e muito mais ...

TABELA DE CONTEÚDOS

Guia de pronunciação	9
Abreviaturas	10

CONCEITOS BÁSICOS	11
Conceitos básicos. Parte 1	11
1. Pronomes	11
2. Cumprimentos. Saudações. Despedidas	11
3. Como se dirigir a alguém	12
4. Números cardinais. Parte 1	12
5. Números cardinais. Parte 2	13
6. Números ordinais	14
7. Números. Frações	14
8. Números. Operações básicas	14
9. Números. Diversos	14
10. Os verbos mais importantes. Parte 1	15
11. Os verbos mais importantes. Parte 2	16
12. Os verbos mais importantes. Parte 3	17
13. Os verbos mais importantes. Parte 4	18
14. Cores	19
15. Questões	19
16. Preposições	20
17. Palavras funcionais. Advérbios. Parte 1	20
18. Palavras funcionais. Advérbios. Parte 2	22

Conceitos básicos. Parte 2	24
19. Dias da semana	24
20. Horas. Dia e noite	24
21. Meses. Estações	25
22. Unidades de medida	26
23. Recipientes	27

O SER HUMANO	29
O ser humano. O corpo	29
24. Cabeça	29
25. Corpo humano	30

Vestuário & Acessórios	31
26. Roupa exterior. Casacos	31
27. Vestuário de homem & mulher	31

28. Vestuário. Roupa interior	32
29. Adereços de cabeça	32
30. Calçado	32
31. Acessórios pessoais	33
32. Vestuário. Diversos	33
33. Cuidados pessoais. Cosméticos	34
34. Relógios de pulso. Relógios	35

Alimantação. Nutrição	36
35. Comida	36
36. Bebidas	37
37. Vegetais	38
38. Frutos. Nozes	39
39. Pão. Bolaria	40
40. Pratos cozinhados	40
41. Especiarias	41
42. Refeições	42
43. Por a mesa	43
44. Restaurante	43

Família, parentes e amigos	44
45. Informação pessoal. Formulários	44
46. Membros da família. Parentes	44

Medicina	46
47. Doenças	46
48. Simtomas. Tratamentos. Parte 1	47
49. Simtomas. Tratamentos. Parte 2	48
50. Simtomas. Tratamentos. Parte 3	49
51. Médicos	50
52. Medicina. Drogas. Acessórios	50

HABITAT HUMANO	51
Cidade	51
53. Cidade. Vida na cidade	51
54. Instituições urbanas	52
55. Sinais	53
56. Transportes urbanos	54
57. Turismo	55
58. Compras	56
59. Dinheiro	57
60. Correios. Serviço postal	58

Moradia. Casa. Lar	59
61. Casa. Eletricidade	59

62. Moradia. Mansão	59
63. Apartamento	59
64. Mobiliário. Interior	60
65. Quarto de dormir	61
66. Cozinha	61
67. Casa de banho	62
68. Eletrodomésticos	63

| **ATIVIDADES HUMANAS** | **64** |
| **Emprego. Negócios. Parte 1** | **64** |

69. Escritório. O trabalho no escritório	64
70. Processos negociais. Parte 1	65
71. Processos negociais. Parte 2	66
72. Produção. Trabalhos	67
73. Contrato. Acordo	68
74. Importação & Exportação	69
75. Finanças	69
76. Marketing	70
77. Publicidade	70
78. Banca	71
79. Telefone. Conversação telefónica	72
80. Telefone móvel	72
81. Estacionário	73
82. Tipos de negócios	73

| **Emprego. Negócios. Parte 2** | **76** |

| 83. Espetáculo. Feira | 76 |
| 84. Ciência. Investigação. Cientistas | 77 |

| **Profissões e ocupações** | **79** |

85. Procura de emprego. Demissão	79
86. Gente de negócios	79
87. Profissões de serviços	80
88. Profissões militares e postos	81
89. Oficiais. Padres	82
90. Profissões agrícolas	82
91. Profissões artísticas	83
92. Várias profissões	83
93. Ocupações. Estatuto social	85

| **Educação** | **86** |

94. Escola	86
95. Colégio. Universidade	87
96. Ciências. Disciplinas	88
97. Sistema de escrita. Ortografia	88
98. Línguas estrangeiras	89

Descanso. Entretenimento. Viagens	91
99. Viagens	91
100. Hotel	91

EQUIPAMENTO TÉCNICO. TRANSPORTES	93
Equipamento técnico. Transportes	93
101. Computador	93
102. Internet. E-mail	94
103. Eletricidade	95
104. Ferramentas	95

Transportes	98
105. Avião	98
106. Comboio	99
107. Barco	100
108. Aeroporto	101

Eventos	103
109. Férias. Evento	103
110. Funerais. Enterro	104
111. Guerra. Soldados	104
112. Guerra. Ações militares. Parte 1	105
113. Guerra. Ações militares. Parte 2	107
114. Armas	108
115. Povos da antiguidade	110
116. Idade média	110
117. Líder. Chefe. Autoridades	112
118. Viloação da lei. Criminosos. Parte 1	113
119. Viloação da lei. Criminosos. Parte 2	114
120. Polícia. Lei. Parte 1	115
121. Polícia. Lei. Parte 2	116

NATUREZA	118
A Terra. Parte 1	118
122. Espaço sideral	118
123. A Terra	119
124. Pontos cardeais	120
125. Mar. Oceano	120
126. Nomes de Mares e Oceanos	121
127. Montanhas	122
128. Nomes de montanhas	123
129. Rios	123
130. Nomes de rios	124
131. Floresta	124
132. Recursos naturais	125

A Terra. Parte 2   127

133. Tempo   127
134. Tempo extremo. Catástrofes naturais   128

Fauna   129

135. Mamíferos. Predadores   129
136. Animais selvagens   129
137. Animais domésticos   130
138. Pássaros   131
139. Peixes. Animais marinhos   133
140. Amfíbios. Répteis   133
141. Insetos   134

Flora   135

142. Árvores   135
143. Arbustos   135
144. Frutos. Bagas   136
145. Flores. Plantas   137
146. Cereais, grãos   138

PAÍSES. NACIONALIDADES   139

147. Europa Ocidental   139
148. Europa Central e de Leste   139
149. Países da ex-URSS   140
150. Asia   140
151. America do Norte   141
152. America Centrale do Sul   141
153. Africa   142
154. Australia. Oceania   142
155. Cidades   142

GUIA DE PRONUNCIAÇÃO

Alfabeto fonético T&P	Exemplo afrikaans	Exemplo Português
[a]	land	chamar
[ā]	straat	rapaz
[æ]	hout	semana
[o], [ɔ]	Australië	noite
[e]	metaal	metal
[ɛ]	aanlê	mesquita
[ə]	filter	milagre
[ɪ]	uur	sinónimo
[i]	billik	sinónimo
[ī]	naïef	cair
[o]	koppie	lobo
[ø]	akteur	orgulhoso
[œ]	fluit	orgulhoso
[u]	hulle	bonita
[ʊ]	hout	bonita
[b]	bakker	barril
[d]	donder	dentista
[f]	navraag	safári
[g]	burger	gosto
[h]	driehoek	[h] aspirada
[j]	byvoeg	géiser
[k]	kamera	kiwi
[l]	loon	libra
[m]	môre	magnólia
[n]	neef	natureza
[p]	pyp	presente
[r]	rigting	riscar
[s]	oplos	sanita
[t]	lood, tenk	tulipa
[v]	bewaar	fava
[w]	oorwinnaar	página web
[z]	zoem	sésamo
[dʒ]	enjin	adjetivo
[ʃ]	artisjok	mês
[ŋ]	kans	alcançar
[tʃ]	tjek	Tchau!
[ʒ]	beige	talvez
[x]	agent	fricativa uvular surda

ABREVIATURAS
usadas no vocabulário

Abreviaturas do Português

adj	-	adjetivo
adv	-	advérbio
anim.	-	animado
conj.	-	conjunção
desp.	-	desporto
etc.	-	etecetra
ex.	-	por exemplo
f	-	nome feminino
f pl	-	feminino plural
fem.	-	feminino
inanim.	-	inanimado
m	-	nome masculino
m pl	-	masculino plural
m, f	-	masculino, feminino
masc.	-	masculino
mat.	-	matemática
mil.	-	militar
pl	-	plural
prep.	-	preposição
pron.	-	pronome
sb.	-	sobre
sing.	-	singular
v aux	-	verbo auxiliar
vi	-	verbo intransitivo
vi, vt	-	verbo intransitivo, transitivo
vr	-	verbo reflexivo
vt	-	verbo transitivo

CONCEITOS BÁSICOS

Conceitos básicos. Parte 1

1. Pronomes

eu	ek, my	[ɛk], [maj]
tu	jy	[jəj]
ele, ela	hy, sy, dit	[haj], [saj], [dit]
nós	ons	[ɔŋs]
vocês	julle	[jullə]
você (sing.)	u	[u]
você (pl)	u	[u]
eles	hulle	[hullə]
elas	hulle	[hullə]

2. Cumprimentos. Saudações. Despedidas

Olá!	Hallo!	[hallo!]
Bom dia! (formal)	Hallo!	[hallo!]
Bom dia! (de manhã)	Goeie môre!	[χuje mɔrə!]
Boa tarde!	Goeiemiddag!	[χuje·middaχ!]
Boa noite!	Goeienaand!	[χuje·nãnt!]
cumprimentar (vt)	dagsê	[daχsɛ:]
Olá!	Hallo!	[hallo!]
saudação (f)	groet	[χrut]
saudar (vt)	groet	[χrut]
Como vais?	Hoe gaan dit?	[hu χãn dit?]
O que há de novo?	Hoe gaan dit?	[hu χãn dit?]
Adeus! (formal)	Totsiens!	[totsiŋs!]
Até à vista! (informal)	Koebaai!	[kubãi!]
Até breve!	Totsiens!	[totsiŋs!]
Adeus! (sing.)	Mooi loop!	[moj loəp!]
Adeus! (pl)	Vaarwel!	[fārwel!]
despedir-se (vr)	afskeid neem	[afskæjt neəm]
Até logo!	Koebaai!	[kubãi!]
Obrigado! -a!	Dankie!	[danki!]
Muito obrigado! -a!	Baie dankie!	[baje danki!]
De nada	Plesier	[plesir]
Não tem de quê	Plesier!	[plesir!]
De nada	Plesier	[plesir]
Desculpa!	Ekskuus!	[ɛkskɪs!]

Desculpe!	Verskoon my!	[ferskoən maj!]
descupar (vt)	verskoon	[ferskoən]
desculpar-se (vr)	verskoning vra	[ferskoniŋ fra]
As minhas desculpas	Verskoning	[ferskoniŋ]
Desculpe!	Ek is jammer!	[ɛk is jammər!]
perdoar (vt)	vergewe	[ferχevə]
Não faz mal	Maak nie saak nie!	[māk ni sāk ni!]
por favor	asseblief	[asseblif]
Não se esqueça!	Vergeet dit nie!	[ferχeət dit ni!]
Certamente! Claro!	Beslis!	[beslis!]
Claro que não!	Natuurlik nie!	[natɪrlik ni!]
Está bem! De acordo!	OK!	[okej!]
Basta!	Dis genoeg!	[dis χenuχ!]

3. Como se dirigir a alguém

Desculpe (para chamar a atenção)	Verskoon my, ...	[ferskoən maj, ...]
senhor	meneer	[meneər]
senhora	mevrou	[mefræʊ]
rapariga	juffrou	[juffræʊ]
rapaz	jongman	[joŋman]
menino	boet	[but]
menina	sussie	[sussi]

4. Números cardinais. Parte 1

zero	nul	[nul]
um	een	[eən]
dois	twee	[tweə]
três	drie	[dri]
quatro	vier	[fir]

cinco	vyf	[fajf]
seis	ses	[ses]
sete	sewe	[sevə]
oito	ag	[aχ]
nove	nege	[neχə]

dez	tien	[tin]
onze	elf	[ɛlf]
doze	twaalf	[twālf]
treze	dertien	[dertin]
catorze	veertien	[feərtin]

quinze	vyftien	[fajftin]
dezasseis	sestien	[sestin]
dezassete	sewetien	[sevətin]
dezoito	agtien	[aχtin]
dezanove	negetien	[neχetin]

vinte	twintig	[twintəχ]
vinte e um	een-en-twintig	[eən-en-twintəχ]
vinte e dois	twee-en-twintig	[tweə-en-twintəχ]
vinte e três	drie-en-twintig	[dri-en-twintəχ]
trinta	dertig	[dertəχ]
trinta e um	een-en-dertig	[eən-en-dertəχ]
trinta e dois	twee-en-dertig	[tweə-en-dertəχ]
trinta e três	drie-en-dertig	[dri-en-dertəχ]
quarenta	veertig	[feərtəχ]
quarenta e um	een-en-veertig	[eən-en-feərtəχ]
quarenta e dois	twee-en-veertig	[tweə-en-feərtəχ]
quarenta e três	vier-en-veertig	[fir-en-feərtəχ]
cinquenta	vyftig	[fajftəχ]
cinquenta e um	een-en-vyftig	[eən-en-fajftəχ]
cinquenta e dois	twee-en-vyftig	[tweə-en-fajftəχ]
cinquenta e três	drie-en-vyftig	[dri-en-fajftəχ]
sessenta	sestig	[sestəχ]
sessenta e um	een-en-sestig	[eən-en-sestəχ]
sessenta e dois	twee-en-sestig	[tweə-en-sestəχ]
sessenta e três	drie-en-sestig	[dri-en-sestəχ]
setenta	sewentig	[seventəχ]
setenta e um	een-en-sewentig	[eən-en-seventəχ]
setenta e dois	twee-en-sewentig	[tweə-en-seventəχ]
setenta e três	drie-en-sewentig	[dri-en-seventəχ]
oitenta	tagtig	[taχtəχ]
oitenta e um	een-en-tagtig	[eən-en-taχtəχ]
oitenta e dois	twee-en-tagtig	[tweə-en-taχtəχ]
oitenta e três	drie-en-tagtig	[dri-en-taχtəχ]
noventa	negentig	[neχentəχ]
noventa e um	een-en-negentig	[eən-en-neχentəχ]
noventa e dois	twee-en-negentig	[tweə-en-neχentəχ]
noventa e três	drie-en-negentig	[dri-en-neχentəχ]

5. Números cardinais. Parte 2

cem	honderd	[hondərt]
duzentos	tweehonderd	[tweə·hondərt]
trezentos	driehonderd	[dri·hondərt]
quatrocentos	vierhonderd	[fir·hondərt]
quinhentos	vyfhonderd	[fajf·hondərt]
seiscentos	seshonderd	[ses·hondərt]
setecentos	sewehonderd	[sevə·hondərt]
oitocentos	aghonderd	[aχ·hondərt]
novecentos	negehonderd	[neχə·hondərt]
mil	duisend	[dœisent]
dois mil	tweeduisend	[tweə·dœisent]

três mil	**drieduisend**	[dri·dœisent]
dez mil	**tienduisend**	[tin·dœisent]
cem mil	**honderdduisend**	[hondərt·dajsent]
um milhão	**miljoen**	[miljun]
mil milhões	**miljard**	[miljart]

6. Números ordinais

primeiro	**eerste**	[eərstə]
segundo	**tweede**	[tweədə]
terceiro	**derde**	[derdə]
quarto	**vierde**	[firdə]
quinto	**vyfde**	[fajfdə]
sexto	**sesde**	[sesdə]
sétimo	**sewende**	[sevendə]
oitavo	**agste**	[aχstə]
nono	**negende**	[neχendə]
décimo	**tiende**	[tində]

7. Números. Frações

fração (f)	**breuk**	[brøək]
um meio	**helfte**	[hɛlftə]
um terço	**derde**	[derdə]
um quarto	**kwart**	[kwart]
um oitavo	**agste**	[aχstə]
um décimo	**tiende**	[tində]
dois terços	**twee derde**	[tweə derdə]
três quartos	**driekwart**	[drikwart]

8. Números. Operações básicas

subtração (f)	**aftrekking**	[aftrɛkkiŋ]
subtrair (vi, vt)	**aftrek**	[aftrek]
divisão (f)	**deling**	[deliŋ]
dividir (vt)	**deel**	[deəl]
adição (f)	**optelling**	[optɛlliŋ]
somar (vt)	**optel**	[optəl]
adicionar (vt)	**optel**	[optəl]
multiplicação (f)	**vermenigvuldiging**	[fermeniχ·fuldəχiŋ]
multiplicar (vt)	**vermenigvuldig**	[fermeniχ·fuldəχ]

9. Números. Diversos

algarismo, dígito (m)	**syfer**	[sajfər]
número (m)	**nommer**	[nommər]

numeral (m)	telwoord	[tɛlwoərt]
menos (m)	minusteken	[minus·tekən]
mais (m)	plusteken	[plus·tekən]
fórmula (f)	formule	[formulə]

cálculo (m)	berekening	[berekeniŋ]
contar (vt)	tel	[təl]
calcular (vt)	optel	[optəl]
comparar (vt)	vergelyk	[ferχəlajk]

Quanto, -os, -as?	Hoeveel?	[hufeəl?]
soma (f)	som, totaal	[som], [totãl]
resultado (m)	resultaat	[resultãt]
resto (m)	oorskot	[oərskot]

um pouco de ...	min	[min]
poucos, -as (~ pessoas)	min	[min]
resto (m)	die res	[di res]
dúzia (f)	dosyn	[dosajn]

ao meio	middeldeur	[middəldøər]
em partes iguais	gelyk	[χelajk]
metade (f)	helfte	[hɛlftə]
vez (f)	maal	[mãl]

10. Os verbos mais importantes. Parte 1

abrir (vt)	oopmaak	[oəpmãk]
acabar, terminar (vt)	klaarmaak	[klãrmãk]
aconselhar (vt)	aanraai	[ãnrãi]
adivinhar (vt)	raai	[rãi]
advertir (vt)	waarsku	[vãrsku]

ajudar (vt)	help	[hɛlp]
almoçar (vi)	gaan eet	[χãn eət]
alugar (~ um apartamento)	huur	[hɪr]
amar (vt)	liefhê	[lifhɛ:]
ameaçar (vt)	dreig	[dræjχ]

anotar (escrever)	opskryf	[opskrajf]
apanhar (vt)	vang	[faŋ]
apressar-se (vr)	opskud	[opskut]
arrepender-se (vr)	jammer wees	[jammər veəs]
assinar (vt)	teken	[tekən]

atirar, disparar (vi)	skiet	[skit]
brincar (vi)	grappies maak	[χrappis mãk]
brincar, jogar (crianças)	speel	[speəl]
buscar (vt)	soek ...	[suk ...]
caçar (vi)	jag	[jaχ]

cair (vi)	val	[fal]
cavar (vt)	grawe	[χravə]
cessar (vt)	ophou	[ophæʊ]

chamar (~ por socorro)	roep	[rup]
chegar (vi)	aankom	[ānkom]
chorar (vi)	huil	[hœil]
começar (vt)	begin	[beχin]
comparar (vt)	vergelyk	[ferχəlajk]
compreender (vt)	verstaan	[ferstān]
concordar (vi)	saamstem	[sāmstem]
confiar (vt)	vertrou	[fertræʊ]
confundir (equivocar-se)	verwar	[ferwar]
conhecer (vt)	ken	[ken]
contar (fazer contas)	tel	[təl]
contar com (esperar)	reken op ...	[reken op ...]
continuar (vt)	aangaan	[ānχān]
controlar (vt)	kontroleer	[kontroleər]
convidar (vt)	uitnooi	[œitnoj]
correr (vi)	hardloop	[hardloəp]
criar (vt)	skep	[skep]
custar (vt)	kos	[kos]

11. Os verbos mais importantes. Parte 2

dar (vt)	gee	[χeə]
decorar (enfeitar)	versier	[fersir]
defender (vt)	verdedig	[ferdedəχ]
deixar cair (vt)	laat val	[lāt fal]
descer (para baixo)	afkom	[afkom]
desculpar (vt)	verskoon	[ferskoən]
desculpar-se (vr)	verskoning vra	[ferskoniŋ fra]
dirigir (~ uma empresa)	beheer	[beheər]
discutir (notícias, etc.)	bespreek	[bespreək]
dizer (vt)	sê	[sɛ:]
duvidar (vt)	twyfel	[twajfəl]
encontrar (achar)	vind	[fint]
enganar (vt)	bedrieg	[bedrəχ]
entrar (na sala, etc.)	binnegaan	[binnəχān]
enviar (uma carta)	stuur	[stɪr]
escolher (vt)	kies	[kis]
esconder (vt)	wegsteek	[veχsteək]
escrever (vt)	skryf	[skrajf]
esperar (o autocarro, etc.)	wag	[vaχ]
esperar (ter esperança)	hoop	[hoəp]
esquecer (vt)	vergeet	[ferχeət]
estar (vi)	wees	[veəs]
estudar (vt)	studeer	[studeər]
exigir (vt)	eis	[æjs]
existir (vi)	bestaan	[bestān]
explicar (vt)	verduidelik	[ferdœidəlik]

falar (vi)	praat	[prāt]
faltar (clases, etc.)	bank	[bank]
fazer (vt)	doen	[dun]
ficar em silêncio	stilbly	[stilblaj]
gabar-se, jactar-se (vr)	spog	[spoχ]
gostar (apreciar)	hou van	[hæʊ fan]
gritar (vi)	skreeu	[skriʊ]
guardar (cartas, etc.)	bewaar	[bevār]
informar (vt)	in kennis stel	[in kɛnnis stəl]
insistir (vi)	aandring	[āndriŋ]
insultar (vt)	beledig	[beledəχ]
interessar-se (vr)	belangstel in ...	[belaŋstəl in ...]
ir (a pé)	gaan	[χān]
ir nadar	gaan swem	[χān swem]
jantar (vi)	aandete gebruik	[āndetə χebrœik]

12. Os verbos mais importantes. Parte 3

ler (vt)	lees	[leəs]
libertar (cidade, etc.)	bevry	[befraj]
matar (vt)	doodmaak	[doədmāk]
mencionar (vt)	verwys na	[ferwajs na]
mostrar (vt)	wys	[vajs]
mudar (modificar)	verander	[ferandər]
nadar (vi)	swem	[swem]
negar-se (vt)	weier	[væjer]
objetar (vt)	beswaar maak	[beswār māk]
observar (vt)	waarneem	[vārneəm]
ordenar (mil.)	beveel	[befeəl]
ouvir (vt)	hoor	[hoər]
pagar (vt)	betaal	[betāl]
parar (vi)	stilhou	[stilhæʊ]
participar (vi)	deelneem	[deəlneəm]
pedir (comida)	bestel	[bestəl]
pedir (um favor, etc.)	vra	[fra]
pegar (tomar)	vat	[fat]
pensar (vt)	dink	[dink]
perceber (ver)	raaksien	[rāksin]
perdoar (vt)	vergewe	[ferχevə]
perguntar (vt)	vra	[fra]
permitir (vt)	toestaan	[tustān]
pertencer (vt)	behoort aan ...	[behoərt ān ...]
planear (vt)	beplan	[beplan]
poder (vi)	kan	[kan]
possuir (vt)	besit	[besit]
preferir (vt)	verkies	[ferkis]
preparar (vt)	kook	[koək]

prever (vt)	voorsien	[foərsin]
prometer (vt)	beloof	[beloəf]
pronunciar (vt)	uitspreek	[œitspreək]
propor (vt)	voorstel	[foərstəl]
punir (castigar)	straf	[straf]

13. Os verbos mais importantes. Parte 4

quebrar (vt)	breek	[breək]
queixar-se (vr)	kla	[kla]
querer (desejar)	wil	[vil]
recomendar (vt)	aanbeveel	[ānbefeəl]
repetir (dizer outra vez)	herhaal	[hərhāl]

repreender (vt)	uitvaar teen	[œitfār teən]
reservar (~ um quarto)	bespreek	[bespreək]
responder (vt)	antwoord	[antwoərt]
rezar, orar (vi)	bid	[bit]
rir (vi)	lag	[laχ]

roubar (vt)	steel	[steəl]
saber (vt)	weet	[veət]
sair (~ de casa)	uitgaan	[œitχān]
salvar (vt)	red	[ret]
seguir ...	volg ...	[folχ ...]

sentar-se (vr)	gaan sit	[χān sit]
ser (vi)	wees	[veəs]
ser necessário	nodig wees	[nodəχ veəs]
significar (vt)	beteken	[betekən]

| sorrir (vi) | glimlag | [χlimlaχ] |
| subestimar (vt) | onderskat | [ondərskat] |

| surpreender-se (vr) | verbaas wees | [ferbās veəs] |
| tentar (vt) | probeer | [probeər] |

| ter (vt) | hê | [hɛ:] |
| ter fome | honger wees | [hoŋər veəs] |

| ter medo | bang wees | [baŋ veəs] |
| ter sede | dors wees | [dors veəs] |

tocar (com as mãos)	aanraak	[ānrāk]
tomar o pequeno-almoço	ontbyt	[ontbajt]
trabalhar (vi)	werk	[verk]

| traduzir (vt) | vertaal | [fertāl] |
| unir (vt) | verenig | [ferenəχ] |

vender (vt)	verkoop	[ferkoəp]
ver (vt)	sien	[sin]
virar (ex. ~ à direita)	draai	[drāi]
voar (vi)	vlieg	[fliχ]

14. Cores

cor (f)	kleur	[kløər]
matiz (m)	skakering	[skakeriŋ]
tom (m)	tint	[tint]
arco-íris (m)	reënboog	[rɛɛn·boəχ]

branco	wit	[vit]
preto	swart	[swart]
cinzento	grys	[χrajs]

verde	groen	[χrun]
amarelo	geel	[χeəl]
vermelho	rooi	[roj]

azul	blou	[blæʊ]
azul claro	ligblou	[liχ·blæʊ]
rosa	pienk	[pink]
laranja	oranje	[oranje]
violeta	pers	[pers]
castanho	bruin	[brœin]

dourado	goue	[χæʊə]
prateado	silweragtig	[silweraχtəχ]

bege	beige	[bɛːiʒ]
creme	roomkleurig	[roəm·kløərəχ]
turquesa	turkoois	[turkojs]
vermelho cereja	kersierooi	[kersi·roj]
lilás	lila	[lila]
carmesim	karmosyn	[karmosajn]

claro	lig	[liχ]
escuro	donker	[donkər]
vivo	helder	[hɛldər]

de cor	kleurig	[kløərəχ]
a cores	kleur	[kløər]
preto e branco	swart-wit	[swart-wit]
unicolor	effe	[ɛffə]
multicor	veelkleurig	[feəlkløərəχ]

15. Questões

Quem?	Wie?	[vi?]
Que?	Wat?	[vat?]
Onde?	Waar?	[vār?]
Para onde?	Waarheen?	[vārheən?]
De onde?	Waarvandaan?	[vārfandān?]
Quando?	Wanneer?	[vanneər?]
Para quê?	Hoekom?	[hukom?]
Porquê?	Hoekom?	[hukom?]
Para quê?	Vir wat?	[fir vat?]

Como?	Hoe?	[hu?]
Qual?	Watter?	[vattər?]
Qual? (entre dois ou mais)	Watter een?	[vattər eən?]

A quem?	Vir wie?	[fir vi?]
Sobre quem?	Oor wie?	[oər vi?]
Do quê?	Oor wat?	[oər vat?]
Com quem?	Met wie?	[met vi?]
Quanto, -os, -as?	Hoeveel?	[hufeəl?]

16. Preposições

com (prep.)	met	[met]
sem (prep.)	sonder	[sondər]
a, para (exprime lugar)	na	[na]
sobre (ex. falar ~)	oor	[oər]
antes de ...	voor	[foər]
diante de ...	voor ...	[foər ...]

sob (debaixo de)	onder	[ondər]
sobre (em cima de)	oor	[oər]
sobre (~ a mesa)	op	[op]
de (vir ~ Lisboa)	uit	[œit]
de (feito ~ pedra)	van	[fan]

| dentro de (~ dez minutos) | oor | [oər] |
| por cima de ... | oor | [oər] |

17. Palavras funcionais. Advérbios. Parte 1

Onde?	Waar?	[vãr?]
aqui	hier	[hir]
lá, ali	daar	[dãr]

| em algum lugar | êrens | [ærɛŋs] |
| em lugar nenhum | nêrens | [nærɛŋs] |

| ao pé de ... | by | [baj] |
| ao pé da janela | by | [baj] |

Para onde?	Waarheen?	[vãrheən?]
para cá	hier	[hir]
para lá	soontoe	[soentu]
daqui	hiervandaan	[hirfandãn]
de lá, dali	daarvandaan	[dãrfandãn]

| perto | naby | [nabaj] |
| longe | ver | [fer] |

perto de ...	naby	[nabaj]
ao lado de	naby	[nabaj]
perto, não fica longe	nie ver nie	[ni fər ni]

esquerdo	linker-	[lınkər-]
à esquerda	op linkerhand	[op lınkərhant]
para esquerda	na links	[na lınks]
direito	regter	[reχtər]
à direita	op regterhand	[op reχtərhant]
para direita	na regs	[na reχs]
à frente	voor	[foər]
da frente	voorste	[foərstə]
em frente (para a frente)	vooruit	[foərœit]
atrás de ...	agter	[aχtər]
por detrás (vir ~)	van agter	[fan aχtər]
para trás	agtertoe	[aχtərtu]
meio (m), metade (f)	middel	[mıddəl]
no meio	in die middel	[in di mıddəl]
de lado	op die sykant	[op di sajkant]
em todo lugar	orals	[orals]
ao redor (olhar ~)	orals rond	[orals ront]
de dentro	van binne	[fan binnə]
para algum lugar	êrens	[ærɛŋs]
diretamente	reguit	[reχœit]
de volta	terug	[teruχ]
de algum lugar	êrens vandaan	[ærɛŋs fandãn]
de um lugar	êrens vandaan	[ærɛŋs fandãn]
em primeiro lugar	in die eerste plek	[in di eərstə plek]
em segundo lugar	in die tweede plek	[in di tweedə plek]
em terceiro lugar	in die derde plek	[in di derdə plek]
de repente	skielik	[skilik]
no início	aan die begin	[ãn di beχin]
pela primeira vez	vir die eerste keer	[fir di eərstə keər]
muito antes de ...	lank voordat ...	[lank foərdat ...]
de novo, novamente	opnuut	[opnɪt]
para sempre	vir goed	[fir χut]
nunca	nooit	[nojt]
de novo	weer	[veər]
agora	nou	[næʊ]
frequentemente	dikwels	[dikwɛls]
então	toe	[tu]
urgentemente	dringend	[drıŋən]
usualmente	gewoonlik	[χevoənlik]
a propósito, ...	terloops, ...	[terloəps], [...]
é possível	moontlik	[moentlik]
provavelmente	waarskynlik	[vãrskajnlik]
talvez	dalk	[dalk]
além disso, ...	trouens ...	[træʊɛŋs ...]
por isso ...	dis hoekom ...	[dis hukom ...]

apesar de ...	ondanks ...	[ondanks ...]
graças a ...	danksy ...	[danksaj ...]

que (pron.)	wat	[vat]
que (conj.)	dat	[dat]
algo	iets	[its]
alguma coisa	iets	[its]
nada	niks	[niks]

quem	wie	[vi]
alguém (~ teve uma ideia ...)	iemand	[imant]
alguém	iemand	[imant]

ninguém	niemand	[nimant]
para lugar nenhum	nêrens	[nærɛŋs]
de ninguém	niemand se	[nimant sə]
de alguém	iemand se	[imant sə]

tão	so	[so]
também (gostaria ~ de ...)	ook	[oək]
também (~ eu)	ook	[oək]

18. Palavras funcionais. Advérbios. Parte 2

Porquê?	Waarom?	[vãrom?]
porque ...	omdat ...	[omdat ...]

e (tu ~ eu)	en	[ɛn]
ou (ser ~ não ser)	of	[of]
mas (porém)	maar	[mãr]
para (~ a minha mãe)	vir	[fir]

demasiado, muito	te	[te]
só, somente	net	[net]
exatamente	presies	[presis]
cerca de (~ 10 kg)	ongeveer	[onχəfeər]

aproximadamente	ongeveer	[onχəfeər]
aproximado	geraamde	[χerãmdə]
quase	amper	[ampər]
resto (m)	die res	[di res]

o outro (segundo)	die ander	[di andər]
outro	ander	[andər]
cada	elke	[ɛlkə]
qualquer	enige	[ɛniχə]
muitos, muitas	baie	[bajə]
muitas pessoas	baie mense	[bajə mɛŋsə]
todos	almal	[almal]

em troca de ...	in ruil vir ...	[in rœil fir ...]
em troca	as vergoeding	[as ferχudiŋ]
à mão	met die hand	[met di hant]
pouco provável	skaars	[skãrs]

provavelmente	waarskynlik	[vārskajnlik]
de propósito	opsetlik	[opsetlik]
por acidente	toevallig	[tufalləx]
muito	baie	[baje]
por exemplo	byvoorbeeld	[bajfoərbeəlt]
entre	tussen	[tussən]
entre (no meio de)	tussen	[tussən]
tanto	so baie	[so baje]
especialmente	veral	[feral]

Conceitos básicos. Parte 2

19. Dias da semana

segunda-feira (f)	Maandag	[māndaχ]
terça-feira (f)	Dinsdag	[dinsdaχ]
quarta-feira (f)	Woensdag	[voɛŋsdaχ]
quinta-feira (f)	Donderdag	[dondərdaχ]
sexta-feira (f)	Vrydag	[frajdaχ]
sábado (m)	Saterdag	[satərdaχ]
domingo (m)	Sondag	[sondaχ]
hoje	vandag	[fandaχ]
amanhã	môre	[mɔrə]
depois de amanhã	oormôre	[oərmɔrə]
ontem	gister	[χistər]
anteontem	eergister	[eərχistər]
dia (m)	dag	[daχ]
dia (m) de trabalho	werksdag	[verks·daχ]
feriado (m)	openbare vakansiedag	[openbarə fakaŋsi·daχ]
dia (m) de folga	verlofdag	[fɛrlofdaχ]
fim (m) de semana	naweek	[naveək]
o dia todo	die hele dag	[di helə daχ]
no dia seguinte	die volgende dag	[di folχendə daχ]
há dois dias	twee dae gelede	[tweə daə χeledə]
na véspera	die dag voor	[di daχ foər]
diário	daeliks	[daeliks]
todos os dias	elke dag	[ɛlkə daχ]
semana (f)	week	[veək]
na semana passada	laas week	[lās veək]
na próxima semana	volgende week	[folχendə veək]
semanal	weekliks	[veəkliks]
cada semana	weekliks	[veəkliks]
cada terça-feira	elke Dinsdag	[ɛlkə dinsdaχ]

20. Horas. Dia e noite

manhã (f)	oggend	[oχent]
de manhã	soggens	[soχɛŋs]
meio-dia (m)	middag	[middaχ]
à tarde	in die namiddag	[in di namiddaχ]
noite (f)	aand	[ānt]
à noite (noitinha)	saans	[sāŋs]
noite (f)	nag	[naχ]

à noite	snags	[snaχs]
meia-noite (f)	middernag	[middərnaχ]
segundo (m)	sekonde	[sekondə]
minuto (m)	minuut	[minɪt]
hora (f)	uur	[ɪr]
meia hora (f)	n halfuur	[n halfɪr]
quinze minutos	vyftien minute	[fajftin minutə]
vinte e quatro horas	24 ure	[fir-en-twintəχ urə]
nascer (m) do sol	sonop	[son·op]
amanhecer (m)	daeraad	[daerãt]
madrugada (f)	elke oggend	[ɛlkə oχent]
pôr do sol (m)	sononder	[son·ondər]
de madrugada	vroegdag	[fruχdaχ]
hoje de manhã	vanmôre	[fanmɔrə]
amanhã de manhã	môreoggend	[mɔrə·oχent]
hoje à tarde	vanmiddag	[fanmiddaχ]
à tarde	in die namiddag	[in di namiddaχ]
amanhã à tarde	môremiddag	[mɔrə·middaχ]
hoje à noite	vanaand	[fanãnt]
amanhã à noite	môreaand	[mɔrə·ãnt]
às três horas em ponto	klokslag 3 uur	[klokslaχ dri ɪr]
por volta das quatro	omstreeks 4 uur	[omstreeks fir ɪr]
às doze	teen 12 uur	[teən twalf ɪr]
dentro de vinte minutos	oor twintig minute	[oər twintəχ minutə]
a tempo	betyds	[betajds]
menos um quarto	kwart voor ...	[kwart foər ...]
a cada quinze minutos	elke 15 minute	[ɛlkə fajftin minutə]
as vinte e quatro horas	24 uur per dag	[fir-en-twintəχ pər daχ]

21. Meses. Estações

janeiro (m)	Januarie	[januari]
fevereiro (m)	Februarie	[februari]
março (m)	Maart	[mãrt]
abril (m)	April	[april]
maio (m)	Mei	[mæj]
junho (m)	Junie	[juni]
julho (m)	Julie	[juli]
agosto (m)	Augustus	[ɔuχustus]
setembro (m)	September	[septembər]
outubro (m)	Oktober	[oktobər]
novembro (m)	November	[nofembər]
dezembro (m)	Desember	[desembər]
primavera (f)	lente	[lentə]
na primavera	in die lente	[in di lentə]

primaveril	lente-	[lente-]
verão (m)	somer	[somər]
no verão	in die somer	[in di somər]
de verão	somerse	[somersə]
outono (m)	herfs	[herfs]
no outono	in die herfs	[in di herfs]
outonal	herfsagtige	[herfsaχtiχə]
inverno (m)	winter	[vintər]
no inverno	in die winter	[in di vintər]
de inverno	winter-	[vintər-]
mês (m)	maand	[mānt]
este mês	hierdie maand	[hirdi mānt]
no próximo mês	volgende maand	[folχendə mānt]
no mês passado	laasmaand	[lāsmānt]
dentro de dois meses	oor twe maande	[oər twe māndə]
todo o mês	die hele maand	[di helə mānt]
mensal	maandeliks	[māndəliks]
mensalmente	maandeliks	[māndəliks]
cada mês	elke maand	[ɛlkə mānt]
ano (m)	jaar	[jār]
este ano	hierdie jaar	[hirdi jār]
no próximo ano	volgende jaar	[folχendə jār]
no ano passado	laasjaar	[lājār]
dentro de 2 anos	binne twee jaar	[binnə tweə jār]
todo o ano	die hele jaar	[di helə jār]
cada ano	elke jaar	[ɛlkə jār]
anual	jaarliks	[jārliks]
anualmente	jaarliks	[jārliks]
quatro vezes por ano	4 keer per jaar	[fir keər pər jār]
data (~ de hoje)	datum	[datum]
data (ex. ~ de nascimento)	datum	[datum]
calendário (m)	kalender	[kalendər]
seis meses	ses maande	[ses māndə]
estação (f)	seisoen	[sæjsun]
século (m)	eeu	[iʊ]

22. Unidades de medida

peso (m)	gewig	[χevəχ]
comprimento (m)	lengte	[leŋtə]
largura (f)	breedte	[breedtə]
altura (f)	hoogte	[hoəχtə]
profundidade (f)	diepte	[diptə]
volume (m)	volume	[folumə]

área (f)	area	[area]
grama (m)	gram	[χram]
miligrama (m)	milligram	[milliχram]
quilograma (m)	kilogram	[kiloχram]
tonelada (f)	ton	[ton]
libra (453,6 gramas)	pond	[pont]
onça (f)	ons	[ɔŋs]
metro (m)	meter	[metər]
milímetro (m)	millimeter	[millimetər]
centímetro (m)	sentimeter	[sentimetər]
quilómetro (m)	kilometer	[kilometər]
milha (f)	myl	[majl]
polegada (f)	duim	[dœim]
pé (304,74 mm)	voet	[fut]
jarda (914,383 mm)	jaart	[järt]
metro (m) quadrado	vierkante meter	[firkantə metər]
hectare (m)	hektaar	[hektär]
litro (m)	liter	[litər]
grau (m)	graad	[χrät]
volt (m)	volt	[folt]
ampère (m)	ampère	[ampɛ:r]
cavalo-vapor (m)	perdekrag	[pərdə·kraχ]
quantidade (f)	hoeveelheid	[hufeəlhæjt]
metade (f)	helfte	[hɛlftə]
dúzia (f)	dosyn	[dosajn]
peça (f)	stuk	[stuk]
dimensão (f)	grootte	[χroəttə]
escala (f)	skaal	[skäl]
mínimo	minimaal	[minimäl]
menor, mais pequeno	die kleinste	[di klæjnstə]
médio	medium	[medium]
máximo	maksimaal	[maksimäl]
maior, mais grande	die grootste	[di χroətstə]

23. Recipientes

boião (m) de vidro	glaspot	[χlas·pot]
lata (~ de cerveja)	blikkie	[blikki]
balde (m)	emmer	[ɛmmər]
barril (m)	drom	[drom]
bacia (~ de plástico)	wasbak	[vas·bak]
tanque (m)	tenk	[tɛnk]
cantil (m) de bolso	heupfles	[høəp·fles]
bidão (m) de gasolina	petrolblik	[petrol·blik]
cisterna (f)	tenk	[tɛnk]
caneca (f)	beker	[bekər]

chávena (f)	koppie	[koppi]
pires (m)	piering	[piriŋ]
copo (m)	glas	[χlas]
taça (f) de vinho	wynglas	[vajn·χlas]
panela, caçarola (f)	soppot	[sop·pot]
garrafa (f)	bottel	[bottəl]
gargalo (m)	nek	[nek]
jarro, garrafa (f)	kraffie	[kraffi]
jarro (m) de barro	kruik	[krœik]
recipiente (m)	houer	[hæʋər]
pote (m)	pot	[pot]
vaso (m)	vaas	[fãs]
frasco (~ de perfume)	bottel	[bottəl]
frasquinho (ex. ~ de iodo)	botteltjie	[bottɛlki]
tubo (~ de pasta dentífrica)	buisie	[bœisi]
saca (ex. ~ de açúcar)	sak	[sak]
saco (~ de plástico)	sak	[sak]
maço (m)	pakkie	[pakki]
caixa (~ de sapatos, etc.)	kartondoos	[karton·doəs]
caixa (~ de madeira)	krat	[krat]
cesta (f)	mandjie	[mandʒi]

O SER HUMANO

O ser humano. O corpo

24. Cabeça

cabeça (f)	kop	[kop]
cara (f)	gesig	[xesəx]
nariz (m)	neus	[nøəs]
boca (f)	mond	[mont]
olho (m)	oog	[oəx]
olhos (m pl)	oë	[oɛ]
pupila (f)	pupil	[pupil]
sobrancelha (f)	wenkbrou	[vɛnk·bræʊ]
pestana (f)	ooghaar	[oəx·hār]
pálpebra (f)	ooglid	[oəx·lit]
língua (f)	tong	[toŋ]
dente (m)	tand	[tant]
lábios (m pl)	lippe	[lippə]
maçãs (f pl) do rosto	wangbene	[vaŋ·benə]
gengiva (f)	tandvleis	[tand·flæjs]
paladar (m)	verhemelte	[fer·hemɛltə]
narinas (f pl)	neusgate	[nøəsχatə]
queixo (m)	ken	[ken]
mandíbula (f)	kakebeen	[kakebeən]
bochecha (f)	wang	[vaŋ]
testa (f)	voorhoof	[foərhoəf]
têmpora (f)	slaap	[slāp]
orelha (f)	oor	[oər]
nuca (f)	agterkop	[aχtərkop]
pescoço (m)	nek	[nek]
garganta (f)	keel	[keəl]
cabelos (m pl)	haar	[hār]
penteado (m)	kapsel	[kapsəl]
corte (m) de cabelo	haarstyl	[hārstajl]
peruca (f)	pruik	[prœik]
bigode (m)	snor	[snor]
barba (f)	baard	[bārt]
usar, ter (~ barba, etc.)	dra	[dra]
trança (f)	vlegsel	[fleχsəl]
suíças (f pl)	bakkebaarde	[bakkəbārdə]
ruivo	rooiharig	[roj·harəχ]
grisalho	grys	[χrajs]

| calvo | kaal | [kɑ̃l] |
| calva (f) | kaal plek | [kɑ̃l plek] |

| rabo-de-cavalo (m) | poniestert | [poni·stert] |
| franja (f) | gordyntjiekapsel | [χordajnki·kapsəl] |

25. Corpo humano

| mão (f) | hand | [hant] |
| braço (m) | arm | [arm] |

dedo (m)	vinger	[fiŋər]
dedo (m) do pé	toon	[toən]
polegar (m)	duim	[dœim]
dedo (m) mindinho	pinkie	[pinki]
unha (f)	nael	[naəl]

punho (m)	vuis	[fœis]
palma (f) da mão	palm	[palm]
pulso (m)	pols	[pols]
antebraço (m)	voorarm	[foərarm]
cotovelo (m)	elmboog	[ɛlmboəχ]
ombro (m)	skouer	[skæʊər]

perna (f)	been	[beən]
pé (m)	voet	[fut]
joelho (m)	knie	[kni]
barriga (f) da perna	kuit	[kœit]
anca (f)	heup	[høəp]
calcanhar (m)	hakskeen	[hak·skeən]

corpo (m)	liggaam	[liχχãm]
barriga (f)	maag	[mãχ]
peito (m)	bors	[bors]
seio (m)	bors	[bors]
lado (m)	sy	[saj]
costas (f pl)	rug	[ruχ]
região (f) lombar	lae rug	[laə ruχ]
cintura (f)	middel	[middəl]

umbigo (m)	naeltjie	[naɛlki]
nádegas (f pl)	boude	[bæʊdə]
traseiro (m)	sitvlak	[sitflak]

sinal (m)	moesie	[musi]
sinal (m) de nascença	moedervlek	[mudər·flek]
tatuagem (f)	tatoe	[tatu]
cicatriz (f)	litteken	[littekən]

Vestuário & Acessórios

26. Roupa exterior. Casacos

roupa (f)	klere	[klerə]
roupa (f) exterior	oorklere	[oərklerə]
roupa (f) de inverno	winterklere	[vintər·klerə]
sobretudo (m)	jas	[jas]
casaco (m) de peles	pelsjas	[pelʃas]
casaco curto (m) de peles	kort pelsjas	[kort pelʃas]
casaco (m) acolchoado	donsjas	[donʃas]
casaco, blusão (m)	baadjie	[bãdʒi]
impermeável (m)	reënjas	[rɛɛnjas]
impermeável	waterdig	[vatərdəχ]

27. Vestuário de homem & mulher

camisa (f)	hemp	[hemp]
calças (f pl)	broek	[bruk]
calças (f pl) de ganga	denimbroek	[dənim·bruk]
casaco (m) de fato	baadjie	[bãdʒi]
fato (m)	pak	[pak]
vestido (ex. ~ vermelho)	rok	[rok]
saia (f)	romp	[romp]
blusa (f)	bloes	[blus]
casaco (m) de malha	gebreide baadjie	[χebræjdə bãdʒi]
casaco, blazer (m)	baadjie	[bãdʒi]
T-shirt, camiseta (f)	T-hemp	[te-hemp]
calções (Bermudas, etc.)	kortbroek	[kort·bruk]
fato (m) de treino	sweetpak	[sweet·pak]
roupão (m) de banho	badjas	[batjas]
pijama (m)	pajama	[pajama]
suéter (m)	trui	[trœi]
pulôver (m)	trui	[trœi]
colete (m)	onderbaadjie	[ondər·bãdʒi]
fraque (m)	swaelstertbaadjie	[swaɛlstert·bãdʒi]
smoking (m)	aandpak	[ãntpak]
uniforme (m)	uniform	[uniform]
roupa (f) de trabalho	werksklere	[verks·klerə]
fato-macaco (m)	oorpak	[oərpak]
bata (~ branca, etc.)	jas	[jas]

28. Vestuário. Roupa interior

roupa (f) interior	onderklere	[ondərklerə]
cuecas boxer (f pl)	onderbroek	[ondərbruk]
cuecas (f pl)	onderbroek	[ondərbruk]
camisola (f) interior	frokkie	[frɔkki]
peúgas (f pl)	sokkies	[sɔkkis]
camisa (f) de noite	nagrok	[naχrok]
sutiã (m)	bra	[brɑ]
meias longas (f pl)	kniekouse	[kni·kæʊsə]
meias-calças (f pl)	kousbroek	[kæʊsbruk]
meias (f pl)	kouse	[kæʊsə]
fato (m) de banho	baaikostuum	[bāj·kostɪm]

29. Adereços de cabeça

chapéu (m)	hoed	[hut]
chapéu (m) de feltro	hoed	[hut]
boné (m) de beisebol	bofbalpet	[bofbal·pet]
boné (m)	pet	[pet]
boina (f)	mus	[mus]
capuz (m)	kap	[kap]
panamá (m)	panamahoed	[panama·hut]
gorro (m) de malha	gebreide mus	[χebræjdə mus]
lenço (m)	kopdoek	[kopduk]
chapéu (m) de mulher	dameshoed	[dames·hut]
capacete (m) de proteção	veiligheidshelm	[fæjliχæjts·hɛlm]
bivaque (m)	mus	[mus]
capacete (m)	helmet	[hɛlmet]
chapéu-coco (m)	bolhoed	[bolhut]
chapéu (m) alto	hoëhoed	[hoɛhut]

30. Calçado

calçado (m)	skoeisel	[skuisəl]
botinas (f pl)	mansskoene	[maŋs·skunə]
sapatos (de salto alto, etc.)	damesskoene	[dames·skunə]
botas (f pl)	laarse	[lārsə]
pantufas (f pl)	pantoffels	[pantoffəls]
ténis (m pl)	tennisskoene	[tɛnnis·skunə]
sapatilhas (f pl)	tekkies	[tɛkkis]
sandálias (f pl)	sandale	[sandalə]
sapateiro (m)	skoenmaker	[skun·makər]
salto (m)	hak	[hak]

par (m)	paar	[pār]
atacador (m)	skoenveter	[skun·fetər]
apertar os atacadores	ryg	[rajχ]
calçadeira (f)	skoenlepel	[skun·lepəl]
graxa (f) para calçado	skoenpolitoer	[skun·politur]

31. Acessórios pessoais

luvas (f pl)	handskoene	[handskunə]
mitenes (f pl)	duimhandskoene	[dœim·handskunə]
cachecol (m)	serp	[serp]
óculos (m pl)	bril	[bril]
armação (f) de óculos	raam	[rām]
guarda-chuva (m)	sambreel	[sambreel]
bengala (f)	wandelstok	[vandəl·stok]
escova (f) para o cabelo	haarborsel	[hār·borsəl]
leque (m)	waaier	[vājer]
gravata (f)	das	[das]
gravata-borboleta (f)	strikkie	[strikki]
suspensórios (m pl)	kruisbande	[krœis·bandə]
lenço (m)	sakdoek	[sakduk]
pente (m)	kam	[kam]
travessão (m)	haarspeld	[hārs·pɛlt]
gancho (m) de cabelo	haarpen	[hār·pen]
fivela (f)	gespe	[χespə]
cinto (m)	belt	[bɛlt]
correia (f)	skouerband	[skæʋer·bant]
mala (f)	handsak	[hand·sak]
mala (f) de senhora	beursie	[bøərsi]
mochila (f)	rugsak	[ruχsak]

32. Vestuário. Diversos

moda (f)	mode	[modə]
na moda	in die mode	[in di modə]
estilista (m)	modeontwerper	[modə·ontwerpər]
colarinho (m), gola (f)	kraag	[krāχ]
bolso (m)	sak	[sak]
de bolso	sak-	[sak-]
manga (f)	mou	[mæʋ]
presilha (f)	lussie	[lussi]
braguilha (f)	gulp	[χulp]
fecho (m) de correr	ritssluiter	[rits·slœitər]
fecho (m), colchete (m)	vasmaker	[fasmakər]
botão (m)	knoop	[knoəp]

casa (f) de botão	knoopsgat	[knoəps·χat]
saltar (vi) (botão, etc.)	loskom	[loskom]

coser, costurar (vi)	naai	[nāi]
bordar (vt)	borduur	[bordɪr]
bordado (m)	borduurwerk	[bordɪr·werk]
agulha (f)	naald	[nālt]
fio (m)	garing	[χariŋ]
costura (f)	soom	[soəm]

sujar-se (vr)	vuil word	[fœil vort]
mancha (f)	vlek	[flek]
engelhar-se (vr)	kreukel	[krøəkəl]
rasgar (vt)	skeur	[skøər]
traça (f)	mot	[mot]

33. Cuidados pessoais. Cosméticos

pasta (f) de dentes	tandepasta	[tandə·pasta]
escova (f) de dentes	tandeborsel	[tandə·borsəl]
escovar os dentes	tande borsel	[tandə borsəl]

máquina (f) de barbear	skeermes	[skeər·mes]
creme (m) de barbear	skeerroom	[skeər·roəm]
barbear-se (vr)	skeer	[skeər]

sabonete (m)	seep	[seəp]
champô (m)	sjampoe	[ʃampu]

tesoura (f)	skêr	[skær]
lima (f) de unhas	naelvyl	[naɛl·fajl]
corta-unhas (m)	naelknipper	[naɛl·knippər]
pinça (f)	haartangetjie	[hārtaŋəki]

cosméticos (m pl)	kosmetika	[kosmetika]
máscara (f) facial	gesigmasker	[χesiχ·maskər]
manicura (f)	manikuur	[manikɪr]
fazer a manicura	laat manikuur	[lāt manikɪr]
pedicure (f)	voetbehandeling	[fut·behandeliŋ]

mala (f) de maquilhagem	kosmetika tassie	[kosmetika tassi]
pó (m)	gesigpoeier	[χesiχ·pujer]
caixa (f) de pó	poeierdosie	[pujer·dosi]
blush (m)	blosser	[blossər]

perfume (m)	parfuum	[parfɪm]
água (f) de toilette	reukwater	[røək·vatər]
loção (f)	vloeiroom	[flui·roəm]
água-de-colónia (f)	reukwater	[røək·vatər]

sombra (f) de olhos	oogskadu	[oəχ·skadu]
lápis (m) delineador	oogomlyner	[oəχ·omlajnər]
máscara (f), rímel (m)	maskara	[maskara]
batom (m)	lipstiffie	[lip·stiffi]

verniz (m) de unhas	naellak	[naɛl·lak]
laca (f) para cabelos	haarsproei	[hārs·prui]
desodorizante (m)	reukweermiddel	[røək·veərmiddəl]

creme (m)	room	[roəm]
creme (m) de rosto	gesigroom	[χesiχ·roəm]
creme (m) de mãos	handroom	[hand·roəm]
creme (m) antirrugas	antirimpelroom	[antirimpəl·roəm]
creme (m) de dia	dagroom	[daχ·roəm]
creme (m) de noite	nagroom	[naχ·roəm]
de dia	dag-	[daχ-]
da noite	nag-	[naχ-]

tampão (m)	tampon	[tampon]
papel (m) higiénico	toiletpapier	[tojlet·papir]
secador (m) elétrico	haardroër	[hār·droɛr]

34. Relógios de pulso. Relógios

relógio (m) de pulso	polshorlosie	[pols·horlosi]
mostrador (m)	wyserplaat	[vajsər·plāt]
ponteiro (m)	wyster	[vajstər]
bracelete (f) em aço	metaal horlosiebandjie	[metāl horlosi·bandʒi]
bracelete (f) em pele	horlosiebandjie	[horlosi·bandʒi]

pilha (f)	battery	[battəraj]
descarregar-se	pap wees	[pap veəs]
estar adiantado	voorloop	[foərloəp]
estar atrasado	agterloop	[aχtərloəp]

relógio (m) de parede	muurhorlosie	[mɪr·horlosi]
ampulheta (f)	uurglas	[ɪr·χlas]
relógio (m) de sol	sonwyser	[son·wajsər]
despertador (m)	wekker	[vɛkkər]
relojoeiro (m)	horlosiemaker	[horlosi·makər]
reparar (vt)	herstel	[herstəl]

Alimantação. Nutrição

35. Comida

carne (f)	vleis	[flæjs]
galinha (f)	hoender	[hundər]
frango (m)	braaikuiken	[brāj·kœiken]
pato (m)	eend	[eent]
ganso (m)	gans	[χaŋs]
caça (f)	wild	[vilt]
peru (m)	kalkoen	[kalkun]
carne (f) de porco	varkvleis	[fark·flæjs]
carne (f) de vitela	kalfsvleis	[kalfs·flæjs]
carne (f) de carneiro	lamsvleis	[lams·flæjs]
carne (f) de vaca	beesvleis	[bees·flæjs]
carne (f) de coelho	konynvleis	[konajn·flæjs]
chouriço, salsichão (m)	wors	[vors]
salsicha (f)	Weense worsie	[vɛɛŋsə vorsi]
bacon (m)	spek	[spek]
fiambre (f)	ham	[ham]
presunto (m)	gerookte ham	[χeroəktə ham]
patê (m)	patee	[pateə]
fígado (m)	lewer	[levər]
carne (f) moída	maalvleis	[māl·flæjs]
língua (f)	tong	[toŋ]
ovo (m)	eier	[æjer]
ovos (m pl)	eiers	[æjers]
clara (f) do ovo	eierwit	[æjer·wit]
gema (f) do ovo	dooier	[dojer]
peixe (m)	vis	[fis]
marisco (m)	seekos	[seə·kos]
crustáceos (m pl)	skaaldiere	[skāldirə]
caviar (m)	kaviaar	[kafiār]
caranguejo (m)	krab	[krap]
camarão (m)	garnaal	[χarnāl]
ostra (f)	oester	[ustər]
lagosta (f)	seekreef	[seə·kreəf]
polvo (m)	seekat	[seə·kat]
lula (f)	pylinkvis	[pajl·inkfis]
esturjão (m)	steur	[støər]
salmão (m)	salm	[salm]
halibute (m)	heilbot	[hæjlbot]
bacalhau (m)	kabeljou	[kabeljæʊ]

cavala, sarda (f)	makriel	[makril]
atum (m)	tuna	[tuna]
enguia (f)	paling	[paliŋ]
truta (f)	forel	[forəl]
sardinha (f)	sardyn	[sardajn]
lúcio (m)	varswatersnoek	[farswatər·snuk]
arenque (m)	haring	[hariŋ]
pão (m)	brood	[broət]
queijo (m)	kaas	[kãs]
açúcar (m)	suiker	[sœikər]
sal (m)	sout	[sæʊt]
arroz (m)	rys	[rajs]
massas (f pl)	pasta	[pasta]
talharim (m)	noedels	[nudɛls]
manteiga (f)	botter	[bottər]
óleo (m) vegetal	plantaardige olie	[plantãrdiχə oli]
óleo (m) de girassol	sonblomolie	[sonblom·oli]
margarina (f)	margarien	[marχarin]
azeitonas (f pl)	olywe	[olajvə]
azeite (m)	olyfolie	[olajf·oli]
leite (m)	melk	[melk]
leite (m) condensado	kondensmelk	[kondɛŋs·melk]
iogurte (m)	jogurt	[joχurt]
nata (f)	suurroom	[sɪr·roəm]
nata (f) do leite	room	[roəm]
maionese (f)	mayonnaise	[majonɛs]
creme (m)	crème	[krɛm]
grãos (m pl) de cereais	ontbytgraan	[ontbajt·χrãn]
farinha (f)	meelblom	[meəl·blom]
enlatados (m pl)	blikkieskos	[blikkis·kos]
flocos (m pl) de milho	mielievlokkies	[mili·flokkis]
mel (m)	heuning	[høəniŋ]
doce (m)	konfyt	[konfajt]
pastilha (f) elástica	kougom	[kæʊχom]

36. Bebidas

água (f)	water	[vatər]
água (f) potável	drinkwater	[drink·vatər]
água (f) mineral	mineraalwater	[minerãl·vatər]
sem gás	sonder gas	[sondər χas]
gaseificada	soda-	[soda-]
com gás	bruis-	[brœis-]
gelo (m)	ys	[ajs]

com gelo	met ys	[met ajs]
sem álcool	nie-alkoholies	[ni-alkoholis]
bebida (f) sem álcool	koeldrank	[kul·drank]
refresco (m)	verfrissende drank	[ferfrissendə drank]
limonada (f)	limonade	[limonadə]

bebidas (f pl) alcoólicas	likeure	[likøərə]
vinho (m)	wyn	[vajn]
vinho (m) branco	witwyn	[vit·vajn]
vinho (m) tinto	rooiwyn	[roj·vajn]

licor (m)	likeur	[likøər]
champanhe (m)	sjampanje	[ʃampanje]
vermute (m)	vermoet	[fermut]

uísque (m)	whisky	[vhiskaj]
vodka (f)	vodka	[fodka]
gim (m)	jenever	[jenefər]
conhaque (m)	brandewyn	[brandə·vajn]
rum (m)	rum	[rum]

café (m)	koffie	[koffi]
café (m) puro	swart koffie	[swart koffi]
café (m) com leite	koffie met melk	[koffi met melk]
cappuccino (m)	capuccino	[kaputʃino]
café (m) solúvel	poeierkoffie	[pujer·koffi]

leite (m)	melk	[melk]
coquetel (m)	mengeldrankie	[menχəl·dranki]
batido (m) de leite	melkskommel	[melk·skomməl]

sumo (m)	sap	[sap]
sumo (m) de tomate	tamatiesap	[tamati·sap]
sumo (m) de laranja	lemoensap	[lemoən·sap]
sumo (m) fresco	vars geparste sap	[fars χeparstə sap]

cerveja (f)	bier	[bir]
cerveja (f) clara	ligte bier	[liχtə bir]
cerveja (f) preta	donker bier	[donkər bir]

chá (m)	tee	[teə]
chá (m) preto	swart tee	[swart teə]
chá (m) verde	groen tee	[χrun teə]

37. Vegetais

| legumes (m pl) | groente | [χruntə] |
| verduras (f pl) | groente | [χruntə] |

tomate (m)	tamatie	[tamati]
pepino (m)	komkommer	[komkommər]
cenoura (f)	wortel	[vortəl]
batata (f)	aartappel	[āˑrtappəl]
cebola (f)	ui	[œi]

alho (m)	knoffel	[knoffəl]
couve (f)	kool	[koəl]
couve-flor (f)	blomkool	[blom·koəl]
couve-de-bruxelas (f)	Brusselspruite	[brussɛl·sprœitə]
brócolos (m pl)	broccoli	[brokoli]
beterraba (f)	beet	[beət]
beringela (f)	eiervrug	[æjərfruχ]
curgete (f)	vingerskorsie	[fiŋər·skorsi]
abóbora (f)	pampoen	[pampun]
nabo (m)	raap	[rãp]
salsa (f)	pietersielie	[pitərsili]
funcho, endro (m)	dille	[dillə]
alface (f)	slaai	[slãi]
aipo (m)	seldery	[selderaj]
espargo (m)	aspersie	[aspersi]
espinafre (m)	spinasie	[spinasi]
ervilha (f)	ertjie	[ɛrki]
fava (f)	boontjies	[boənkis]
milho (m)	mielie	[mili]
feijão (m)	nierboontjie	[nir·boənki]
pimentão (m)	paprika	[paprika]
rabanete (m)	radys	[radajs]
alcachofra (f)	artisjok	[artiʃok]

38. Frutos. Nozes

fruta (f)	vrugte	[fruχtə]
maçã (f)	appel	[appəl]
pera (f)	peer	[peər]
limão (m)	suurlemoen	[sɪr·lemun]
laranja (f)	lemoen	[lemun]
morango (m)	aarbei	[ãrbæj]
tangerina (f)	nartjie	[narki]
ameixa (f)	pruim	[prœim]
pêssego (m)	perske	[perskə]
damasco (m)	appelkoos	[appɛlkoəs]
framboesa (f)	framboos	[framboəs]
ananás (m)	pynappel	[pajnappəl]
banana (f)	piesang	[pisaŋ]
melancia (f)	waatlemoen	[vãtlemun]
uva (f)	druif	[drœif]
ginja (f)	suurkersie	[sɪr·kersi]
cereja (f)	soetkersie	[sut·kersi]
meloa (f)	spanspek	[spaŋspek]
toranja (f)	pomelo	[pomelo]
abacate (m)	avokado	[afokado]
papaia (f)	papaja	[papaja]

| manga (f) | mango | [manχo] |
| romã (f) | granaat | [χranãt] |

groselha (f) vermelha	rooi aalbessie	[roj ālbɛssi]
groselha (f) preta	swartbessie	[swartbɛssi]
groselha (f) espinhosa	appelliefie	[appɛllifi]
mirtilo (m)	bosbessie	[bosbɛssi]
amora silvestre (f)	braambessie	[brāmbɛssi]

uvas (f pl) passas	rosyntjie	[rosajnki]
figo (m)	vy	[faj]
tâmara (f)	dadel	[dadəl]

amendoim (m)	grondboontjie	[χront·boənki]
amêndoa (f)	amandel	[amandəl]
noz (f)	okkerneut	[okkər·nøət]
avelã (f)	haselneut	[hasɛl·nøət]
coco (m)	klapper	[klappər]
pistáchios (m pl)	pistachio	[pistatʃio]

39. Pão. Bolaria

pastelaria (f)	soet gebak	[sut χebak]
pão (m)	brood	[broət]
bolacha (f)	koekies	[kukis]

chocolate (m)	sjokolade	[ʃokoladə]
de chocolate	sjokolade	[ʃokoladə]
rebuçado (m)	lekkers	[lɛkkərs]
bolo (cupcake, etc.)	koek	[kuk]
bolo (m) de aniversário	koek	[kuk]

| tarte (~ de maçã) | pastei | [pastæj] |
| recheio (m) | vulsel | [fulsəl] |

doce (m)	konfyt	[konfajt]
geleia (f) de frutas	marmelade	[marmeladə]
waffle (m)	wafels	[vafɛls]
gelado (m)	roomys	[roəm·ajs]
pudim (m)	poeding	[pudiŋ]

40. Pratos cozinhados

prato (m)	gereg	[χerəχ]
cozinha (~ portuguesa)	kookkuns	[koək·kuns]
receita (f)	resep	[resep]
porção (f)	porsie	[porsi]

salada (f)	slaai	[slāi]
sopa (f)	sop	[sop]
caldo (m)	helder sop	[hɛldər sop]
sandes (f)	toebroodjie	[tubroədʒi]

ovos (m pl) estrelados	gabakte eiers	[χabaktə æjers]
hambúrguer (m)	hamburger	[hamburχər]
bife (m)	biefstuk	[bifstuk]

conduto (m)	sygereg	[saj·χerəχ]
espaguete (m)	spaghetti	[spaχɛtti]
puré (m) de batata	kapokaartappels	[kapok·ārtappəls]
pizza (f)	pizza	[pizza]
papa (f)	pap	[pap]
omelete (f)	omelet	[omələt]

cozido em água	gekook	[χekoək]
fumado	gerook	[χeroək]
frito	gebak	[χebak]
seco	gedroog	[χedroəχ]
congelado	gevries	[χefris]
em conserva	gepiekel	[χepikəl]

doce (açucarado)	soet	[sut]
salgado	sout	[sæʊt]
frio	koud	[kæʊt]
quente	warm	[varm]
amargo	bitter	[bittər]
gostoso	smaaklik	[smāklik]

cozinhar (em água a ferver)	kook in water	[koək in vatər]
fazer, preparar (vt)	kook	[koək]
fritar (vt)	braai	[braj]
aquecer (vt)	opwarm	[opwarm]

salgar (vt)	sout	[sæʊt]
apimentar (vt)	peper	[pepər]
ralar (vt)	rasp	[rasp]
casca (f)	skil	[skil]
descascar (vt)	skil	[skil]

41. Especiarias

sal (m)	sout	[sæʊt]
salgado	sout	[sæʊt]
salgar (vt)	sout	[sæʊt]

pimenta (f) preta	swart peper	[swart pepər]
pimenta (f) vermelha	rooi peper	[roj pepər]
mostarda (f)	mosterd	[mostert]
raiz-forte (f)	peperwortel	[peper·wortəl]

condimento (m)	smaakmiddel	[smāk·middəl]
especiaria (f)	spesery	[spesəraj]
molho (m)	sous	[sæʊs]
vinagre (m)	asyn	[asajn]

| anis (m) | anys | [anajs] |
| manjericão (m) | basilikum | [basilikum] |

cravo (m)	naeltjies	[naɛlkis]
gengibre (m)	gemmer	[χɛmmər]
coentro (m)	koljander	[koljandər]
canela (f)	kaneel	[kaneəl]
sésamo (m)	sesamsaad	[sesam·sāt]
folhas (f pl) de louro	lourierblaar	[læurir·blār]
páprica (f)	paprika	[paprika]
cominho (m)	komynsaad	[komajnsāt]
açafrão (m)	saffraan	[saffrān]

42. Refeições

comida (f)	kos	[kos]
comer (vt)	eet	[eət]
pequeno-almoço (m)	ontbyt	[ontbajt]
tomar o pequeno-almoço	ontbyt	[ontbajt]
almoço (m)	middagete	[middaχ·etə]
almoçar (vi)	gaan eet	[χān eət]
jantar (m)	aandete	[āndetə]
jantar (vi)	aandete gebruik	[āndetə χebrœik]
apetite (m)	aptyt	[aptajt]
Bom apetite!	Smaaklike ete!	[smāklikə etə!]
abrir (~ uma lata, etc.)	oopmaak	[oəpmāk]
derramar (vt)	mors	[mors]
derramar-se (vr)	mors	[mors]
ferver (vi)	kook	[koək]
ferver (vt)	kook	[koək]
fervido	gekook	[χekoək]
arrefecer (vt)	laat afkoel	[lāt afkul]
arrefecer-se (vr)	afkoel	[afkul]
sabor, gosto (m)	smaak	[smāk]
gostinho (m)	nasmaak	[nasmāk]
fazer dieta	vermaer	[fermaər]
dieta (f)	dieet	[diət]
vitamina (f)	vitamien	[fitamin]
caloria (f)	kalorie	[kalori]
vegetariano (m)	vegetariër	[feχetariɛr]
vegetariano	vegetaries	[feχetaris]
gorduras (f pl)	vette	[fɛttə]
proteínas (f pl)	proteïen	[proteïen]
carboidratos (m pl)	koolhidrate	[koəlhidratə]
fatia (~ de limão, etc.)	snytjie	[snajki]
pedaço (~ de bolo)	stuk	[stuk]
migalha (f)	krummel	[krummәl]

43. Por a mesa

colher (f)	lepel	[lepəl]
faca (f)	mes	[mes]
garfo (m)	vurk	[furk]
chávena (f)	koppie	[koppi]
prato (m)	bord	[bort]
pires (m)	piering	[piriŋ]
guardanapo (m)	servet	[serfət]
palito (m)	tandestokkie	[tandə·stokki]

44. Restaurante

restaurante (m)	restaurant	[restɔurant]
café (m)	koffiekroeg	[koffi·kruχ]
bar (m), cervejaria (f)	kroeg	[kruχ]
salão (m) de chá	teekamer	[teə·kamər]
empregado (m) de mesa	kelner	[kɛlnər]
empregada (f) de mesa	kelnerin	[kɛlnərin]
barman (m)	kroegman	[kruχman]
ementa (f)	spyskaart	[spajs·kārt]
lista (f) de vinhos	wyn	[vajn]
reservar uma mesa	wynkaart	[vajn·kārt]
prato (m)	gereg	[χerəχ]
pedir (vt)	bestel	[bestəl]
fazer o pedido	bestel	[bestəl]
aperitivo (m)	drankie	[dranki]
entrada (f)	voorgereg	[foərχerəχ]
sobremesa (f)	nagereg	[naχerəχ]
conta (f)	rekening	[rekəniŋ]
pagar a conta	die rekening betaal	[di rekeniŋ betāl]
dar o troco	kleingeld gee	[klæjn·χɛlt χeə]
gorjeta (f)	fooitjie	[fojki]

Família, parentes e amigos

45. Informação pessoal. Formulários

nome (m)	voornaam	[foərnãm]
apelido (m)	van	[fan]
data (f) de nascimento	geboortedatum	[χeboərtə·datum]
local (m) de nascimento	geboorteplek	[χeboərtə·plek]
nacionalidade (f)	nasionaliteit	[naʃionalitæjt]
lugar (m) de residência	woonplek	[voən·plek]
país (m)	land	[lant]
profissão (f)	beroep	[berup]
sexo (m)	geslag	[χeslaχ]
estatura (f)	lengte	[leŋtə]
peso (m)	gewig	[χeveχ]

46. Membros da família. Parentes

mãe (f)	moeder	[mudər]
pai (m)	vader	[fadər]
filho (m)	seun	[søən]
filha (f)	dogter	[doχtər]
filha (f) mais nova	jonger dogter	[joŋər doχtər]
filho (m) mais novo	jonger seun	[joŋər søən]
filha (f) mais velha	oudste dogter	[æʊdstə doχtər]
filho (m) mais velho	oudste seun	[æʊdstə søən]
irmão (m)	broer	[brur]
irmão (m) mais velho	ouer broer	[æʊer brur]
irmão (m) mais novo	jonger broer	[joŋər brur]
irmã (f)	suster	[sustər]
irmã (f) mais velha	ouer suster	[æʊer sustər]
irmã (f) mais nova	jonger suster	[joŋər sustər]
primo (m)	neef	[neəf]
prima (f)	neef	[neəf]
mamã (f)	ma	[ma]
papá (m)	pa	[pa]
pais (pl)	ouers	[æʊers]
criança (f)	kind	[kint]
crianças (f pl)	kinders	[kindərs]
avó (f)	ouma	[æʊma]
avô (m)	oupa	[æʊpa]

neto (m)	kleinseun	[klæjn·søən]
neta (f)	kleindogter	[klæjn·doχtər]
netos (pl)	kleinkinders	[klæjn·kindərs]
tio (m)	oom	[oəm]
tia (f)	tante	[tantə]
sobrinho (m)	neef	[neəf]
sobrinha (f)	nig	[niχ]
sogra (f)	skoonma	[skoən·ma]
sogro (m)	skoonpa	[skoən·pa]
genro (m)	skoonseun	[skoən·søən]
madrasta (f)	stiefma	[stifma]
padrasto (m)	stiefpa	[stifpa]
criança (f) de colo	baba	[baba]
bebé (m)	baba	[baba]
menino (m)	seuntjie	[søənki]
mulher (f)	vrou	[fræʊ]
marido (m)	man	[man]
esposo (m)	eggenoot	[ɛχχenoət]
esposa (f)	eggenote	[ɛχχenotə]
casado	getroud	[χetræʊt]
casada	getroud	[χetræʊt]
solteiro	ongetroud	[onχətræʊt]
solteirão (m)	vrygesel	[frajχesəl]
divorciado	geskei	[χeskæj]
viúva (f)	weduwee	[veduveə]
viúvo (m)	wedunaar	[vedunãr]
parente (m)	familielid	[famililit]
parente (m) próximo	na familie	[na famili]
parente (m) distante	ver familie	[fer famili]
parentes (m pl)	familielede	[famililedə]
órfão (m)	weeskind	[veəskint]
órfã (f)	weeskind	[veəskint]
tutor (m)	voog	[foəχ]
adotar (um filho)	aanneem	[ãnneəm]
adotar (uma filha)	aanneem	[ãnneəm]

Medicina

47. Doenças

doença (f)	siekte	[siktə]
estar doente	siek wees	[sik veəs]
saúde (f)	gesondheid	[χesonthæjt]
nariz (m) a escorrer	loopneus	[loəpnøəs]
amigdalite (f)	keelontsteking	[keəl·ontstekiŋ]
constipação (f)	verkoue	[ferkæuə]
bronquite (f)	bronchitis	[bronχitis]
pneumonia (f)	longontsteking	[loŋ·ontstekiŋ]
gripe (f)	griep	[χrip]
míope	bysiende	[bajsində]
presbita	versiende	[fersində]
estrabismo (m)	skeelheid	[skeəlhæjt]
estrábico	skeel	[skeəl]
catarata (f)	katarak	[katarak]
glaucoma (m)	gloukoom	[χlæukoəm]
AVC (m), apoplexia (f)	beroerte	[berurtə]
ataque (m) cardíaco	hartaanval	[hart·ānfal]
enfarte (m) do miocárdio	hartinfark	[hart·infark]
paralisia (f)	verlamming	[ferlammiŋ]
paralisar (vt)	verlam	[ferlam]
alergia (f)	allergie	[allerχi]
asma (f)	asma	[asma]
diabetes (f)	suikersiekte	[sœikər·siktə]
dor (f) de dentes	tandpyn	[tand·pajn]
cárie (f)	tandbederf	[tand·bederf]
diarreia (f)	diarree	[diarreə]
prisão (f) de ventre	hardlywigheid	[hardlajviχæjt]
desarranjo (m) intestinal	maagongesteldheid	[māχ·oŋəstɛldhæjt]
intoxicação (f) alimentar	voedselvergiftiging	[fudsəl·ferχiftəχiŋ]
intoxicar-se	voedselvergiftiging kry	[fudsəl·ferχiftəχiŋ kraj]
artrite (f)	artritis	[artritis]
raquitismo (m)	Engelse siekte	[ɛŋəlsə siktə]
reumatismo (m)	reumatiek	[røəmatik]
arteriosclerose (f)	artrosklerose	[artrosklerosə]
gastrite (f)	maagontsteking	[māχ·ontstekiŋ]
apendicite (f)	blindedermontsteking	[blindəderm·ontstekiŋ]
colecistite (f)	galblaasontsteking	[χalblās·ontstekiŋ]

úlcera (f)	maagsweer	[mãχsweər]
sarampo (m)	masels	[masɛls]
rubéola (f)	Duitse masels	[dœitsə masɛls]
iterícia (f)	geelsug	[χeəlsuχ]
hepatite (f)	hepatitis	[hepatitis]
esquizofrenia (f)	skisofrenie	[skisofreni]
raiva (f)	hondsdolheid	[hondsdolhæjt]
neurose (f)	neurose	[nøərosə]
comoção (f) cerebral	harsingskudding	[harsiŋ·skuddiŋ]
cancro (m)	kanker	[kankər]
esclerose (f)	sklerose	[sklerosə]
esclerose (f) múltipla	veelvuldige sklerose	[feəlfuldiχə sklerosə]
alcoolismo (m)	alkoholisme	[alkoholismə]
alcoólico (m)	alkoholikus	[alkoholikus]
sífilis (f)	sifilis	[sifilis]
SIDA (f)	VIGS	[vigs]
tumor (m)	tumor	[tumor]
maligno	kwaadaardig	[kwãdãrdəχ]
benigno	goedaardig	[χudãrdəχ]
febre (f)	koors	[koərs]
malária (f)	malaria	[malaria]
gangrena (f)	gangreen	[χanχreən]
enjoo (m)	seesiekte	[seə·siktə]
epilepsia (f)	epilepsie	[ɛpilepsi]
epidemia (f)	epidemie	[ɛpidemi]
tifo (m)	tifus	[tifus]
tuberculose (f)	tuberkulose	[tuberkulosə]
cólera (f)	cholera	[χolera]
peste (f)	pes	[pes]

48. Simtomas. Tratamentos. Parte 1

sintoma (m)	simptoom	[simptoəm]
temperatura (f)	temperatuur	[temperatɪr]
febre (f)	koors	[koərs]
pulso (m)	polsslag	[pols·slaχ]
vertigem (f)	duiseligheid	[dœiseliχæjt]
quente (testa, etc.)	warm	[varm]
calafrio (m)	koue rillings	[kæʊə rilliŋs]
pálido	bleek	[bleək]
tosse (f)	hoes	[hus]
tossir (vi)	hoes	[hus]
espirrar (vi)	nies	[nis]
desmaio (m)	floute	[flæʊtə]
desmaiar (vi)	flou word	[flæʊ vort]
nódoa (f) negra	blou kol	[blæʊ kol]

galo (m)	knop	[knop]
magoar-se (vr)	stamp	[stamp]
pisadura (f)	besering	[beseriŋ]

coxear (vi)	hink	[hink]
deslocação (f)	ontwrigting	[ontwriχtiŋ]
deslocar (vt)	ontwrig	[ontwrəχ]
fratura (f)	breuk	[brøək]
fraturar (vt)	n breuk hê	[n brøək hɛ:]

corte (m)	sny	[snaj]
cortar-se (vr)	jouself sny	[jæʊsɛlf snaj]
hemorragia (f)	bloeding	[bludiŋ]

| queimadura (f) | brandwond | [brant·vont] |
| queimar-se (vr) | jouself brand | [jæʊsɛlf brant] |

picar (vt)	prik	[prik]
picar-se (vr)	jouself prik	[jæʊsɛlf prik]
lesionar (vt)	seermaak	[seərmāk]
lesão (m)	besering	[beseriŋ]
ferida (f), ferimento (m)	wond	[vont]
trauma (m)	trauma	[trɔuma]

delirar (vi)	yl	[ajl]
gaguejar (vi)	stotter	[stottər]
insolação (f)	sonsteek	[sɔŋ·steək]

49. Simtomas. Tratamentos. Parte 2

| dor (f) | pyn | [pajn] |
| farpa (no dedo) | splinter | [splintər] |

suor (m)	sweet	[sweət]
suar (vi)	sweet	[sweət]
vómito (m)	braak	[brāk]
convulsões (f pl)	stuiptrekkings	[stœip·trɛkkiŋs]

grávida	swanger	[swaŋər]
nascer (vi)	gebore word	[χeborə vort]
parto (m)	geboorte	[χeboərtə]
dar à luz	baar	[bār]
aborto (m)	aborsie	[aborsi]

respiração (f)	asemhaling	[asemhaliŋ]
inspiração (f)	inaseming	[inasemiŋ]
expiração (f)	uitaseming	[œitasemiŋ]
expirar (vi)	uitasem	[œitasem]
inspirar (vi)	inasem	[inasem]

inválido (m)	invalide	[infalidə]
aleijado (m)	kreupel	[krøəpəl]
toxicodependente (m)	dwelmslaaf	[dwɛlm·slāf]
surdo	doof	[doəf]

mudo	stom	[stom]
surdo-mudo	doofstom	[doəf·stom]
louco (adj.)	swaksinnig	[swaksinnəχ]
louco (m)	kranksinnige	[kranksinniχə]
louca (f)	kranksinnige	[kranksinniχə]
ficar louco	kranksinnig word	[kranksinnəχ vort]
gene (m)	geen	[χeən]
imunidade (f)	immuniteit	[immunitæjt]
hereditário	erflik	[ɛrflik]
congénito	aangebore	[ānχəborə]
vírus (m)	virus	[firus]
micróbio (m)	mikrobe	[mikrobə]
bactéria (f)	bakterie	[bakteri]
infeção (f)	infeksie	[infeksi]

50. Simtomas. Tratamentos. Parte 3

hospital (m)	hospitaal	[hospitāl]
paciente (m)	pasiënt	[pasiɛnt]
diagnóstico (m)	diagnose	[diaχnosə]
cura (f)	genesing	[χenesiŋ]
tratamento (m) médico	mediese behandeling	[medisə behandəliŋ]
curar-se (vr)	behandeling kry	[behandəliŋ kraj]
tratar (vt)	behandel	[behandəl]
cuidar (pessoa)	versorg	[fersorχ]
cuidados (m pl)	versorging	[fersorχiŋ]
operação (f)	operasie	[operasi]
enfaixar (vt)	verbind	[ferbint]
ligadura (f)	verband	[ferbant]
vacinação (f)	inenting	[inɛntiŋ]
vacinar (vt)	inent	[inɛnt]
injeção (f)	inspuiting	[inspœitiŋ]
ataque (~ de asma, etc.)	aanval	[ānfal]
amputação (f)	amputasie	[amputasi]
amputar (vt)	amputeer	[amputeər]
coma (f)	koma	[koma]
reanimação (f)	intensiewe sorg	[intɛnsivə sorχ]
recuperar-se (vr)	herstel	[herstəl]
estado (~ de saúde)	kondisie	[kondisi]
consciência (f)	bewussyn	[bevussajn]
memória (f)	geheue	[χəhøə]
tirar (vt)	trek	[trek]
chumbo (m), obturação (f)	vulsel	[fulsəl]
chumbar, obturar (vt)	vul	[ful]
hipnose (f)	hipnose	[hipnosə]
hipnotizar (vt)	hipnotiseer	[hipnotiseər]

51. Médicos

médico (m)	dokter	[dokter]
enfermeira (f)	verpleegster	[ferpleeχ·ster]
médico (m) pessoal	lyfarts	[lajf·arts]
dentista (m)	tandarts	[tand·arts]
oculista (m)	oogarts	[oeχ·arts]
terapeuta (m)	internis	[internis]
cirurgião (m)	chirurg	[ʃirurχ]
psiquiatra (m)	psigiater	[psiχiater]
pediatra (m)	kinderdokter	[kinder·dokter]
psicólogo (m)	sielkundige	[silkundiχe]
ginecologista (m)	ginekoloog	[χinekoloeχ]
cardiologista (m)	kardioloog	[kardioloeχ]

52. Medicina. Drogas. Acessórios

medicamento (m)	medisyn	[medisajn]
remédio (m)	geneesmiddel	[χenees·middel]
receitar (vt)	voorskryf	[foerskrajf]
receita (f)	voorskrif	[foerskrif]
comprimido (m)	pil	[pil]
pomada (f)	salf	[salf]
ampola (f)	ampul	[ampul]
preparado (m)	mengsel	[meŋsel]
xarope (m)	stroop	[stroep]
cápsula (f)	pil	[pil]
remédio (m) em pó	poeier	[pujer]
ligadura (f)	verband	[ferband]
algodão (m)	watte	[vatte]
iodo (m)	iodium	[iodium]
penso (m) rápido	pleister	[plæjster]
conta-gotas (f)	oogdrupper	[oeχ·drupper]
termómetro (m)	termometer	[termometer]
seringa (f)	spuitnaald	[spœit·nãlt]
cadeira (f) de rodas	rolstoel	[rol·stul]
muletas (f pl)	krukke	[krukke]
analgésico (m)	pynstiller	[pajn·stiller]
laxante (m)	lakseermiddel	[lakseer·middel]
álcool (m) etílico	spiritus	[spiritus]
ervas (f pl) medicinais	geneeskragtige kruie	[χenees·kraχtiχe krœie]
de ervas (chá ~)	kruie-	[krœie-]

HABITAT HUMANO

Cidade

53. Cidade. Vida na cidade

cidade (f)	stad	[stat]
capital (f)	hoofstad	[hoəf·stat]
aldeia (f)	dorp	[dorp]
mapa (m) da cidade	stadskaart	[stats·kārt]
centro (m) da cidade	sentrum	[sentrum]
subúrbio (m)	voorstad	[foərstat]
suburbano	voorstedelik	[foərstedelik]
periferia (f)	buitewyke	[bœitəvajkə]
arredores (m pl)	omgewing	[omχeviŋ]
quarteirão (m)	stadswyk	[stats·wajk]
quarteirão (m) residencial	woonbuurt	[voənbɪrt]
tráfego (m)	verkeer	[ferkeər]
semáforo (m)	robot	[robot]
transporte (m) público	openbare vervoer	[openbarə ferfur]
cruzamento (m)	kruispunt	[krœis·punt]
passadeira (f)	sebraoorgang	[sebra·oərχaŋ]
passagem (f) subterrânea	voetgangertonnel	[futχaŋər·tonnəl]
cruzar, atravessar (vt)	oorsteek	[oərsteek]
peão (m)	voetganger	[futχaŋər]
passeio (m)	sypaadjie	[saj·pādʒi]
ponte (f)	brug	[bruχ]
margem (f) do rio	wal	[val]
fonte (f)	fontein	[fontæjn]
alameda (f)	laning	[laniŋ]
parque (m)	park	[park]
bulevar (m)	boulevard	[bulefar]
praça (f)	plein	[plæjn]
avenida (f)	laan	[lān]
rua (f)	straat	[strāt]
travessa (f)	systraat	[saj·strāt]
beco (m) sem saída	doodloopstraat	[doədloəp·strāt]
casa (f)	huis	[hœis]
edifício, prédio (m)	gebou	[χebæʊ]
arranha-céus (m)	wolkekrabber	[volkə·krabbər]
fachada (f)	gewel	[χevəl]
telhado (m)	dak	[dak]

janela (f)	venster	[fɛŋstər]
arco (m)	arkade	[arkadə]
coluna (f)	kolom	[kolom]
esquina (f)	hoek	[huk]
montra (f)	uitstalraam	[œitstalrãm]
letreiro (m)	reklamebord	[reklamə·bort]
cartaz (m)	plakkaat	[plakkãt]
cartaz (m) publicitário	reklameplakkaat	[reklamə·plakkãt]
painel (m) publicitário	aanplakbord	[ãnplakbort]
lixo (m)	vullis	[fullis]
cesta (f) do lixo	vullisbak	[fullis·bak]
jogar lixo na rua	rommel strooi	[romməl stroj]
aterro (m) sanitário	vullishoop	[fullis·hoəp]
cabine (f) telefónica	telefoonhokkie	[telefoən·hokki]
candeeiro (m) de rua	lamppaal	[lamp·pãl]
banco (m)	bank	[bank]
polícia (m)	polisieman	[polisi·man]
polícia (instituição)	polisie	[polisi]
mendigo (m)	bedelaar	[bedelãr]
sem-abrigo (m)	daklose	[daklosə]

54. Instituições urbanas

loja (f)	winkel	[vinkəl]
farmácia (f)	apteek	[apteək]
ótica (f)	optisiën	[optisiɛn]
centro (m) comercial	winkelsentrum	[vinkəl·sentrum]
supermercado (m)	supermark	[supermark]
padaria (f)	bakkery	[bakkeraj]
padeiro (m)	bakker	[bakkər]
pastelaria (f)	banketbakkery	[banket·bakkeraj]
mercearia (f)	kruidenierswinkel	[krœidenirs·vinkəl]
talho (m)	slagter	[slaχtər]
loja (f) de legumes	groentewinkel	[χruntə·vinkəl]
mercado (m)	mark	[mark]
café (m)	koffiekroeg	[koffi·kruχ]
restaurante (m)	restaurant	[restourant]
bar (m), cervejaria (f)	kroeg	[kruχ]
pizzaria (f)	pizzeria	[pizzeria]
salão (m) de cabeleireiro	haarsalon	[hãr·salon]
correios (m pl)	poskantoor	[pos·kantoər]
lavandaria (f)	droogskoonmakers	[droəχ·skoən·makers]
estúdio (m) fotográfico	fotostudio	[foto·studio]
sapataria (f)	skoenwinkel	[skun·vinkəl]
livraria (f)	boekhandel	[buk·handəl]

loja (f) de artigos de desporto	sportwinkel	[sport·vinkəl]
reparação (f) de roupa	klereherstelwinkel	[klerə·herstəl·vinkəl]
aluguer (m) de roupa	klereverhuurwinkel	[klerə·ferhɪr·vinkəl]
aluguer (m) de filmes	videowinkel	[video·vinkəl]
circo (m)	sirkus	[sirkus]
jardim (m) zoológico	dieretuin	[dirə·tœin]
cinema (m)	bioskoop	[bioskoəp]
museu (m)	museum	[musøəm]
biblioteca (f)	biblioteek	[biblioteək]
teatro (m)	teater	[teatər]
ópera (f)	opera	[opera]
clube (m) noturno	nagklub	[naχ·klup]
casino (m)	kasino	[kasino]
mesquita (f)	moskee	[moskeə]
sinagoga (f)	sinagoge	[sinaχoχə]
catedral (f)	katedraal	[katedrāl]
templo (m)	tempel	[tempəl]
igreja (f)	kerk	[kerk]
instituto (m)	kollege	[kolledʒ]
universidade (f)	universiteit	[unifersitæjt]
escola (f)	skool	[skoəl]
prefeitura (f)	stadhuis	[stat·hœis]
câmara (f) municipal	stadhuis	[stat·hœis]
hotel (m)	hotel	[hotəl]
banco (m)	bank	[bank]
embaixada (f)	ambassade	[ambassadə]
agência (f) de viagens	reisagentskap	[ræjs·aχentskap]
agência (f) de informações	inligtingskantoor	[inliχtiŋs·kantoər]
casa (f) de câmbio	wisselkantoor	[vissəl·kantoər]
metro (m)	metro	[metro]
hospital (m)	hospitaal	[hospitāl]
posto (m) de gasolina	petrolstasie	[petrol·stasi]
parque (m) de estacionamento	parkeerterrein	[parkeər·terræjn]

55. Sinais

letreiro (m)	reklamebord	[reklamə·bort]
inscrição (f)	kennisgewing	[kɛnnis·χeviŋ]
cartaz, póster (m)	plakkaat	[plakkāt]
sinal (m) informativo	rigtingwyser	[riχtiŋ·wajsər]
seta (f)	pyl	[pajl]
aviso (advertência)	waarskuwing	[vārskuviŋ]
sinal (m) de aviso	waarskuwingsbord	[vārskuviŋs·bort]
avisar, advertir (vt)	waarsku	[vārsku]
dia (m) de folga	rusdag	[rusdaχ]

horário (m)	diensrooster	[diŋs·roəstər]
horário (m) de funcionamento	besigheidsure	[besiχæjts·urə]
BEM-VINDOS!	WELKOM!	[vɛlkom!]
ENTRADA	INGANG	[inχaŋ]
SAÍDA	UITGANG	[œitχaŋ]
EMPURRE	STOOT	[stoət]
PUXE	TREK	[trek]
ABERTO	OOP	[oəp]
FECHADO	GESLUIT	[χeslœit]
MULHER	DAMES	[dames]
HOMEM	MANS	[maŋs]
DESCONTOS	AFSLAG	[afslaχ]
SALDOS	UITVERKOPING	[œitferkopiŋ]
NOVIDADE!	NUUT!	[nɪt!]
GRÁTIS	GRATIS	[χratis]
ATENÇÃO!	PAS OP!	[pas op!]
NÃO HÁ VAGAS	VOLBESPREEK	[folbespreək]
RESERVADO	BESPREEK	[bespreək]
ADMINISTRAÇÃO	ADMINISTRASIE	[administrasi]
SOMENTE PESSOAL AUTORIZADO	SLEGS PERSONEEL	[sleχs personeəl]
CUIDADO CÃO FEROZ	PAS OP VIR DIE HOND!	[pas op fir di hont!]
PROIBIDO FUMAR!	ROOK VERBODE	[roək ferbodə]
NÃO TOCAR	NIE AANRAAK NIE!	[ni ānrāk ni!]
PERIGOSO	GEVAARLIK	[χefārlik]
PERIGO	GEVAAR	[χefār]
ALTA TENSÃO	HOOGSPANNING	[hoəχ·spanniŋ]
PROIBIDO NADAR	NIE SWEM NIE	[ni swem ni]
AVARIADO	BUITE WERKING	[bœitə verkiŋ]
INFLAMÁVEL	ONTVLAMBAAR	[ontflambār]
PROIBIDO	VERBODE	[ferbodə]
ENTRADA PROIBIDA	TOEGANG VERBODE!	[tuχaŋ ferbode!]
CUIDADO TINTA FRESCA	NAT VERF	[nat ferf]

56. Transportes urbanos

autocarro (m)	bus	[bus]
elétrico (m)	trem	[trem]
troleicarro (m)	trembus	[trembus]
itinerário (m)	busroete	[bus·rutə]
número (m)	nommer	[nommər]
ir de ... (carro, etc.)	ry per ...	[raj pər ...]
entrar (~ no autocarro)	inklim	[inklim]
descer de ...	uitklim ...	[œitklim ...]

paragem (f)	halte	[haltə]
próxima paragem (f)	volgende halte	[folχendə haltə]
ponto (m) final	eindpunt	[æjnd·punt]
horário (m)	diensrooster	[diŋs·roəstər]
esperar (vt)	wag	[vaχ]

| bilhete (m) | kaartjie | [kãrki] |
| custo (m) do bilhete | reistarief | [ræjs·tarif] |

bilheteiro (m)	kaartjieverkoper	[kãrki·ferkopər]
controlo (m) dos bilhetes	kaartjiekontrole	[kãrki·kontrolə]
revisor (m)	kontroleur	[kontroløər]

atrasar-se (vr)	laat wees	[lãt veəs]
perder (o autocarro, etc.)	mis	[mis]
estar com pressa	haastig wees	[hãstəχ veəs]

táxi (m)	taxi	[taksi]
taxista (m)	taxibestuurder	[taksi·bestɪrdər]
de táxi (ir ~)	per taxi	[pər taksi]
praça (f) de táxis	taxistaanplek	[taksi·stãnplek]

tráfego (m)	verkeer	[ferkeər]
engarrafamento (m)	verkeersknoop	[ferkeərs·knoəp]
horas (f pl) de ponta	spitsuur	[spits·ɪr]
estacionar (vi)	parkeer	[parkeər]
estacionar (vt)	parkeer	[parkeər]
parque (m) de estacionamento	parkeerterrein	[parkeər·terræjn]

metro (m)	metro	[metro]
estação (f)	stasie	[stasi]
ir de metro	die metro vat	[di metro fat]
comboio (m)	trein	[træjn]
estação (f)	treinstasie	[træjn·stasi]

57. Turismo

monumento (m)	monument	[monument]
fortaleza (f)	fort	[fort]
palácio (m)	paleis	[palæjs]
castelo (m)	kasteel	[kasteəl]
torre (f)	toring	[toriŋ]
mausoléu (m)	mausoleum	[mɔusoløəm]

arquitetura (f)	argitektuur	[arχitektɪr]
medieval	Middeleeus	[middeliʊs]
antigo	oud	[æʊt]
nacional	nasionaal	[naʃionãl]
conhecido	bekend	[bekent]

turista (m)	toeris	[turis]
guia (pessoa)	gids	[χids]
excursão (f)	uitstappie	[œitstappi]
mostrar (vt)	wys	[vajs]

contar (vt)	vertel	[fertəl]
encontrar (vt)	vind	[fint]
perder-se (vr)	verdwaal	[ferdwāl]
mapa (~ do metrô)	kaart	[kārt]
mapa (~ da cidade)	kaart	[kārt]
lembrança (f), presente (m)	aandenking	[āndenkiŋ]
loja (f) de presentes	geskenkwinkel	[χeskɛnk·vinkəl]
fotografar (vt)	fotografeer	[fotoχrafeər]
fotografar-se	jou portret laat maak	[jæʊ portret lāt māk]

58. Compras

comprar (vt)	koop	[koəp]
compra (f)	aankoop	[ānkoəp]
fazer compras	inkopies doen	[inkopis dun]
compras (f pl)	inkoop	[inkoəp]
estar aberta (loja, etc.)	oop wees	[oəp veəs]
estar fechada	toe wees	[tu veəs]
calçado (m)	skoeisel	[skuisəl]
roupa (f)	klere	[klerə]
cosméticos (m pl)	kosmetika	[kosmetika]
alimentos (m pl)	voedingsware	[fudiŋs·warə]
presente (m)	present	[present]
vendedor (m)	verkoper	[ferkopər]
vendedora (f)	verkoopsdame	[ferkoəps·damə]
caixa (f)	kassier	[kassir]
espelho (m)	spieël	[spiɛl]
balcão (m)	toonbank	[toən·bank]
cabine (f) de provas	paskamer	[pas·kamər]
provar (vt)	aanpas	[ānpas]
servir (vi)	pas	[pas]
gostar (apreciar)	hou van	[hæʊ fan]
preço (m)	prys	[prajs]
etiqueta (f) de preço	pryskaartjie	[prajs·kārki]
custar (vt)	kos	[kos]
Quanto?	Hoeveel?	[hufeəl?]
desconto (m)	afslag	[afslaχ]
não caro	billik	[billik]
barato	goedkoop	[χudkoəp]
caro	duur	[dɪr]
É caro	dis duur	[dis dɪr]
aluguer (m)	verhuur	[ferhɪr]
alugar (vestidos, etc.)	verhuur	[ferhɪr]
crédito (m)	krediet	[kredit]
a crédito	op krediet	[op kredit]

59. Dinheiro

dinheiro (m)	geld	[χɛlt]
câmbio (m)	valutaruil	[faluta·rœil]
taxa (f) de câmbio	wisselkoers	[vissəl·kurs]
Caixa Multibanco (m)	OTM	[o·te·em]
moeda (f)	muntstuk	[muntstuk]

dólar (m)	dollar	[dollar]
euro (m)	euro	[øəro]

lira (f)	lira	[lira]
marco (m)	Duitse mark	[dœitsə mark]
franco (m)	frank	[frank]
libra (f) esterlina	pond sterling	[pont sterliŋ]
iene (m)	yen	[jɛn]

dívida (f)	skuld	[skult]
devedor (m)	skuldenaar	[skuldenãr]
emprestar (vt)	uitleen	[œitleən]
pedir emprestado	leen	[leən]

banco (m)	bank	[bank]
conta (f)	rekening	[rekəniŋ]
depositar (vt)	deponeer	[deponeər]
levantar (vt)	trek	[trek]

cartão (m) de crédito	kredietkaart	[kredit·kārt]
dinheiro (m) vivo	kontant	[kontant]
cheque (m)	tjek	[tʃek]
livro (m) de cheques	tjekboek	[tʃek·buk]

carteira (f)	beursie	[bøərsi]
porta-moedas (m)	muntstukbeursie	[muntstuk·bøərsi]
cofre (m)	brandkas	[brant·kas]

herdeiro (m)	erfgenaam	[ɛrfχənãm]
herança (f)	erfenis	[ɛrfenis]
fortuna (riqueza)	fortuin	[fortœin]

arrendamento (m)	huur	[hɪr]
renda (f) de casa	huur	[hɪr]
alugar (vt)	huur	[hɪr]

preço (m)	prys	[prajs]
custo (m)	prys	[prajs]
soma (f)	som	[som]

gastar (vt)	spandeer	[spandeər]
gastos (m pl)	onkoste	[onkostə]
economizar (vi)	besuinig	[besœinəχ]
económico	ekonomies	[ɛkonomis]

pagar (vt)	betaal	[betāl]
pagamento (m)	betaling	[betaliŋ]

troco (m)	wisselgeld	[vissəl·xɛlt]
imposto (m)	belasting	[belastiŋ]
multa (f)	boete	[butə]
multar (vt)	beboet	[bebut]

60. Correios. Serviço postal

correios (m pl)	poskantoor	[pos·kantoər]
correio (m)	pos	[pos]
carteiro (m)	posbode	[pos·bodə]
horário (m)	besigheidsure	[besixæjts·urə]
carta (f)	brief	[brif]
carta (f) registada	geregistreerde brief	[xerexistreərdə brif]
postal (m)	poskaart	[pos·kārt]
telegrama (m)	telegram	[telexram]
encomenda (f) postal	pakkie	[pakki]
remessa (f) de dinheiro	geldoorplasing	[xɛld·oərplasiŋ]
receber (vt)	ontvang	[ontfaŋ]
enviar (vt)	stuur	[stɪr]
envio (m)	versending	[fersendiŋ]
endereço (m)	adres	[adres]
código (m) postal	poskode	[pos·kodə]
remetente (m)	sender	[sendər]
destinatário (m)	ontvanger	[ontfaŋər]
nome (m)	voornaam	[foərnām]
apelido (m)	van	[fan]
tarifa (f)	postarief	[pos·tarif]
normal	standaard	[standārt]
económico	ekonomies	[ɛkonomis]
peso (m)	gewig	[xevəx]
pesar (estabelecer o peso)	weeg	[veəx]
envelope (m)	koevert	[kufert]
selo (m)	posseël	[pos·seɛl]

Moradia. Casa. Lar

61. Casa. Eletricidade

eletricidade (f)	krag, elektrisiteit	[kraχ], [elektrisitæjt]
lâmpada (f)	gloeilamp	[χlui·lamp]
interruptor (m)	skakelaar	[skakəlār]
fusível (m)	sekering	[sekəriŋ]
fio, cabo (m)	kabel	[kabəl]
instalação (f) elétrica	bedrading	[bedradiŋ]
contador (m) de eletricidade	kragmeter	[kraχ·metər]
leitura (f)	lesings	[lesiŋs]

62. Moradia. Mansão

casa (f) de campo	buitewoning	[bœitə·voniŋ]
vila (f)	landhuis	[land·hœis]
ala (~ do edifício)	vleuel	[fløəəl]
jardim (m)	tuin	[tœin]
parque (m)	park	[park]
estufa (f)	tropiese kweekhuis	[tropisə kweek·hœis]
cuidar de …	versorg	[fersorχ]
piscina (f)	swembad	[swem·bat]
ginásio (m)	gim	[χim]
campo (m) de ténis	tennisbaan	[tɛnnis·bān]
cinema (m)	huisteater	[hœis·teatər]
garagem (f)	garage	[χaraʒə]
propriedade (f) privada	privaat besit	[prifāt besit]
terreno (m) privado	privaateiendom	[prifāt·æjendom]
advertência (f)	waarskuwing	[vārskuviŋ]
sinal (m) de aviso	waarskuwingsbord	[vārskuviŋs·bort]
guarda (f)	sekuriteit	[sekuritæjt]
guarda (m)	veiligheidswag	[fæjliχæjts·waχ]
alarme (m)	diefalarm	[dif·alarm]

63. Apartamento

apartamento (m)	woonstel	[voəŋstəl]
quarto (m)	kamer	[kamər]
quarto (m) de dormir	slaapkamer	[slāp·kamər]

sala (f) de jantar	eetkamer	[eət·kamər]
sala (f) de estar	sitkamer	[sit·kamər]
escritório (m)	studeerkamer	[studeər·kamər]

antessala (f)	ingangsportaal	[inχaŋs·portāl]
quarto (m) de banho	badkamer	[bad·kamər]
toilette (lavabo)	toilet	[tojlet]

teto (m)	plafon	[plafon]
chão, soalho (m)	vloer	[flur]
canto (m)	hoek	[huk]

64. Mobiliário. Interior

mobiliário (m)	meubels	[møəbɛls]
mesa (f)	tafel	[tafəl]
cadeira (f)	stoel	[stul]
cama (f)	bed	[bet]

| divã (m) | rusbank | [rusbank] |
| cadeirão (m) | gemakstoel | [χemak·stul] |

| estante (f) | boekkas | [buk·kas] |
| prateleira (f) | rak | [rak] |

guarda-vestidos (m)	klerekas	[klerə·kas]
cabide (m) de parede	kapstok	[kapstok]
cabide (m) de pé	kapstok	[kapstok]

| cómoda (f) | laaikas | [lājkas] |
| mesinha (f) de centro | koffietafel | [koffi·tafəl] |

espelho (m)	spieël	[spiɛl]
tapete (m)	mat	[mat]
tapete (m) pequeno	matjie	[maki]

lareira (f)	vuurherd	[fɪr·hert]
vela (f)	kers	[kers]
castiçal (m)	kandelaar	[kandelār]

cortinas (f pl)	gordyne	[χordajnə]
papel (m) de parede	muurpapier	[mɪr·papir]
estores (f pl)	blindings	[blindiŋs]

| candeeiro (m) de mesa | tafellamp | [tafel·lamp] |
| candeeiro (m) de parede | muurlamp | [mɪr·lamp] |

| candeeiro (m) de pé | staanlamp | [stān·lamp] |
| lustre (m) | kroonlugter | [kroən·luχtər] |

perna (da cadeira, etc.)	poot	[poət]
braço (m)	armleuning	[arm·løəniŋ]
costas (f pl)	rugleuning	[ruχ·løəniŋ]
gaveta (f)	laai	[lāi]

65. Quarto de dormir

roupa (f) de cama	beddegoed	[beddə·χut]
almofada (f)	kussing	[kussiŋ]
fronha (f)	kussingsloop	[kussiŋ·sloəp]
cobertor (m)	duvet	[dufet]
lençol (m)	laken	[laken]
colcha (f)	bedsprei	[bed·spræj]

66. Cozinha

cozinha (f)	kombuis	[kombœis]
gás (m)	gas	[χas]
fogão (m) a gás	gasstoof	[χas·stoəf]
fogão (m) elétrico	elektriese stoof	[elektrisə stoəf]
forno (m)	oond	[oent]
forno (m) de micro-ondas	mikrogolfoond	[mikroχolf·oent]
frigorífico (m)	yskas	[ajs·kas]
congelador (m)	vrieskas	[friskas]
máquina (f) de lavar louça	skottelgoedwasser	[skottelχud·wassər]
moedor (m) de carne	vleismeul	[flæjs·møəl]
espremedor (m)	versapper	[fersappər]
torradeira (f)	broodrooster	[broəd·roəstər]
batedeira (f)	menger	[meŋər]
máquina (f) de café	koffiemasjien	[koffi·maʃin]
cafeteira (f)	koffiepot	[koffi·pot]
moinho (m) de café	koffiemeul	[koffi·møəl]
chaleira (f)	fluitketel	[flœit·ketəl]
bule (m)	teepot	[teə·pot]
tampa (f)	deksel	[deksəl]
coador (f) de chá	teesiffie	[teə·siffi]
colher (f)	lepel	[lepəl]
colher (f) de chá	teelepeltjie	[teə·lepəlki]
colher (f) de sopa	soplepel	[sop·lepəl]
garfo (m)	vurk	[furk]
faca (f)	mes	[mes]
louça (f)	tafelgerei	[tafel·χeræj]
prato (m)	bord	[bort]
pires (m)	piering	[piriŋ]
cálice (m)	likeurglas	[likøər·χlas]
copo (m)	glas	[χlas]
chávena (f)	koppie	[koppi]
açucareiro (m)	suikerpot	[sœikər·pot]
saleiro (m)	soutvaatjie	[sæut·fāki]
pimenteiro (m)	pepervaatjie	[pepər·fāki]

manteigueira (f)	botterbakkie	[botter·bakki]
panela, caçarola (f)	soppot	[sop·pot]
frigideira (f)	braaipan	[brãj·pan]
concha (f)	opskeplepel	[opskep·lepəl]
passador (m)	vergiet	[ferχit]
bandeja (f)	skinkbord	[skink·bort]
garrafa (f)	bottel	[bottəl]
boião (m) de vidro	fles	[fles]
lata (f)	blikkie	[blikki]
abre-garrafas (m)	botteloopmaker	[bottəl·oəpmakər]
abre-latas (m)	blikoopmaker	[blik·oəpmakər]
saca-rolhas (m)	kurktrekker	[kurk·trɛkkər]
filtro (m)	filter	[filtər]
filtrar (vt)	filter	[filtər]
lixo (m)	vullis	[fullis]
balde (m) do lixo	vullisbak	[fullis·bak]

67. Casa de banho

quarto (m) de banho	badkamer	[bad·kamər]
água (f)	water	[vatər]
torneira (f)	kraan	[krãn]
água (f) quente	warme water	[varmə vatər]
água (f) fria	koue water	[kæuə vatər]
pasta (f) de dentes	tandepasta	[tandə·pasta]
escovar os dentes	tande borsel	[tandə borsəl]
escova (f) de dentes	tandeborsel	[tandə·borsəl]
barbear-se (vr)	skeer	[skeər]
espuma (f) de barbear	skeerroom	[skeər·roəm]
máquina (f) de barbear	skeermes	[skeər·mes]
lavar (vt)	was	[vas]
lavar-se (vr)	bad	[bat]
duche (m)	stort	[stort]
tomar um duche	stort	[stort]
banheira (f)	bad	[bat]
sanita (f)	toilet	[tojlet]
lavatório (m)	wasbak	[vas·bak]
sabonete (m)	seep	[seəp]
saboneteira (f)	seepbakkie	[seəp·bakki]
esponja (f)	spons	[spɔŋs]
champô (m)	sjampoe	[ʃampu]
toalha (f)	handdoek	[handduk]
roupão (m) de banho	badjas	[batjas]
lavagem (f)	was	[vas]
máquina (f) de lavar	wasmasjien	[vas·maʃin]

| lavar a roupa | die wasgoed was | [di vasχut vas] |
| detergente (m) | waspoeier | [vas·pujer] |

68. Eletrodomésticos

televisor (m)	TV-stel	[te·fe-stəl]
gravador (m)	bandspeler	[band·spelər]
videogravador (m)	videomasjien	[video·maʃin]
rádio (m)	radio	[radio]
leitor (m)	speler	[spelər]

projetor (m)	videoprojektor	[video·projektor]
cinema (m) em casa	tuisfliekteater	[tœis·flik·teatər]
leitor (m) de DVD	DVD-speler	[de·fe·de-spelər]
amplificador (m)	versterker	[fersterkər]
console (f) de jogos	videokonsole	[video·kɔŋsolə]

câmara (f) de vídeo	videokamera	[video·kamera]
máquina (f) fotográfica	kamera	[kamera]
câmara (f) digital	digitale kamera	[diχitalə kamera]

aspirador (m)	stofsuier	[stof·sœiər]
ferro (m) de engomar	strykyster	[strajk·ajstər]
tábua (f) de engomar	strykplank	[strajk·plank]

telefone (m)	telefoon	[telefoən]
telemóvel (m)	selfoon	[sɛlfoən]
máquina (f) de escrever	tikmasjien	[tik·maʃin]
máquina (f) de costura	naaimasjien	[naj·maʃin]

microfone (m)	mikrofoon	[mikrofoən]
auscultadores (m pl)	koptelefoon	[kop·telefoən]
controlo remoto (m)	afstandsbeheer	[afstands·beheər]

CD (m)	CD	[se·de]
cassete (f)	kasset	[kasset]
disco (m) de vinil	plaat	[plāt]

ATIVIDADES HUMANAS

Emprego. Negócios. Parte 1

69. Escritório. O trabalho no escritório

escritório (~ de advogados)	kantoor	[kantoər]
escritório (do diretor, etc.)	kantoor	[kantoər]
receção (f)	ontvangs	[ontfaŋs]
secretário (m)	sekretaris	[sekretaris]
secretária (f)	sekretaresse	[sekretarɛssə]
diretor (m)	direkteur	[direktøər]
gerente (m)	bestuurder	[bestɪrdər]
contabilista (m)	boekhouer	[bukhæʊər]
empregado (m)	werknemer	[verknemər]
mobiliário (m)	meubels	[møəbɛls]
mesa (f)	lessenaar	[lɛssenãr]
cadeira (f)	draaistoel	[drãj·stul]
bloco (m) de gavetas	laaikas	[lãjkas]
cabide (m) de pé	kapstok	[kapstok]
computador (m)	rekenaar	[rekənãr]
impressora (f)	drukker	[drukkər]
fax (m)	faksmasjien	[faks·maʃin]
fotocopiadora (f)	fotostaatmasjien	[fotostãt·maʃin]
papel (m)	papier	[papir]
artigos (m pl) de escritório	kantoorbenodigdhede	[kantoər·benodiχdhedə]
tapete (m) de rato	muismatjie	[mœis·maki]
folha (f) de papel	blaai	[blãi]
pasta (f)	binder	[bindər]
catálogo (m)	katalogus	[kataloχus]
diretório (f) telefónico	telefoongids	[telefoən·χids]
documentação (f)	dokumentasie	[dokumentasi]
brochura (f)	brosjure	[broʃurə]
flyer (m)	strooibiljet	[stroj·biljet]
amostra (f)	monsterkaart	[mɔŋstər·kãrt]
formação (f)	opleidingsvergadering	[oplæjdiŋs·ferχaderiŋ]
reunião (f)	vergadering	[ferχaderiŋ]
hora (f) de almoço	middagpouse	[middaχ·pæʊsə]
tirar cópias	aantal kopieë maak	[ãntal kopiɛ mãk]
fazer uma chamada	bel	[bəl]
responder (vt)	antwoord	[antwoərt]
passar (vt)	deursit	[døərsit]

marcar (vt)	reël	[reɛl]
demonstrar (vt)	demonstreer	[demɔŋstreər]
estar ausente	afwesig wees	[afwesəχ veəs]
ausência (f)	afwesigheid	[afwesiχæjt]

70. Processos negociais. Parte 1

negócio (m)	besigheid	[besiχæjt]
ocupação (f)	beroep	[berup]
firma, empresa (f)	firma	[firma]
companhia (f)	maatskappy	[mātskappaj]
corporação (f)	korporasie	[korporasi]
empresa (f)	onderneming	[ondərnemiŋ]
agência (f)	agentskap	[aχentskap]
acordo (documento)	ooreenkoms	[oəreənkoms]
contrato (m)	kontrak	[kontrak]
acordo (transação)	transaksie	[traŋsaksi]
encomenda (f)	bestelling	[bestɛlliŋ]
cláusulas (f pl), termos (m pl)	voorwaarde	[foərwārdə]
por grosso (adv)	groothandels-	[χroət·handəls-]
por grosso (adj)	groothandels-	[χroət·handəls-]
venda (f) por grosso	groothandel	[χroət·handəl]
a retalho	kleinhandels-	[klæjn·handəls-]
venda (f) a retalho	kleinhandel	[klæjn·handəl]
concorrente (m)	konkurrent	[konkurrent]
concorrência (f)	konkurrensie	[konkurreŋsi]
competir (vi)	kompeteer	[kompeteər]
sócio (m)	vennoot	[fɛnnoət]
parceria (f)	vennootskap	[fɛnnoətskap]
crise (f)	krisis	[krisis]
bancarrota (f)	bankrotskap	[bankrotskap]
entrar em falência	bankrot speel	[bankrot speəl]
dificuldade (f)	moeilikheid	[muilikhæjt]
problema (m)	probleem	[probleəm]
catástrofe (f)	katastrofe	[katastrofə]
economia (f)	ekonomie	[ɛkonomi]
económico	ekonomiese	[ɛkonomisə]
recessão (f) económica	ekonomiese agteruitgang	[ɛkonomisə aχtər·œitχaŋ]
objetivo (m)	doel	[dul]
tarefa (f)	opdrag	[opdraχ]
comercializar (vi)	handel	[handəl]
rede (de distribuição)	netwerk	[netwerk]
estoque (m)	voorraad	[foərrāt]
sortido (m)	reeks	[reəks]
líder (m)	leier	[læjer]

T&P Books. Vocabulário Português-Afrikaans - 5000 palavras

grande (~ empresa)	groot	[xroət]
monopólio (m)	monopolie	[monopoli]
teoria (f)	teorie	[teori]
prática (f)	praktyk	[praktajk]
experiência (falar por ~)	ervaring	[ɛrfariŋ]
tendência (f)	tendens	[tendɛŋs]
desenvolvimento (m)	ontwikkeling	[ontwikkeliŋ]

71. Processos negociais. Parte 2

rentabilidade (f)	wins	[vins]
rentável	voordelig	[foərdeləx]
delegação (f)	delegasie	[deleχasi]
salário, ordenado (m)	salaris	[salaris]
corrigir (um erro)	korrigeer	[korriχeər]
viagem (f) de negócios	sakereis	[sakeræjs]
comissão (f)	kommissie	[kommissi]
controlar (vt)	kontroleer	[kontroleər]
conferência (f)	konferensie	[konfɛrɛŋsi]
licença (f)	lisensie	[lisɛŋsi]
fiável	betroubaar	[betræubār]
empreendimento (m)	inisiatief	[inisiatif]
norma (f)	norm	[norm]
circunstância (f)	omstandigheid	[omstandiχæjt]
dever (m)	taak	[tāk]
empresa (f)	organisasie	[orχanisasi]
organização (f)	organisasie	[orχanisasi]
organizado	georganiseer	[χeorχaniseər]
anulação (f)	kansellering	[kaŋsɛlleriŋ]
anular, cancelar (vt)	kanselleer	[kaŋsɛlleər]
relatório (m)	verslag	[ferslaχ]
patente (f)	patent	[patent]
patentear (vt)	patenteer	[patenteər]
planear (vt)	beplan	[beplan]
prémio (m)	bonus	[bonus]
profissional	professioneel	[profɛssioneəl]
procedimento (m)	prosedure	[prosedurə]
examinar (a questão)	ondersoek	[ondərsuk]
cálculo (m)	berekening	[berekeniŋ]
reputação (f)	reputasie	[reputasi]
risco (m)	risiko	[risiko]
dirigir (~ uma empresa)	beheer	[beheər]
informação (f)	informasie	[informasi]
propriedade (f)	eiendom	[æjendom]
união (f)	unie	[uni]

seguro (m) de vida	lewensversekering	[lɛvɛŋs·fersekeriŋ]
fazer um seguro	verseker	[fersekər]
seguro (m)	versekering	[fersekeriŋ]

leilão (m)	veiling	[fæjliŋ]
notificar (vt)	laat weet	[lãt veət]
gestão (f)	beheer	[beheər]
serviço (indústria de ~s)	diens	[diŋs]

fórum (m)	forum	[forum]
funcionar (vi)	funksioneer	[funksioneər]
estágio (m)	stadium	[stadium]
jurídico	regs-	[reχs-]
jurista (m)	regsgeleerde	[reχs·χeleərdə]

72. Produção. Trabalhos

usina (f)	fabriek	[fabrik]
fábrica (f)	fabriek	[fabrik]
oficina (f)	werkplek	[vɛrkplək]
local (m) de produção	bedryf	[bedrajf]

indústria (f)	industrie	[industri]
industrial	industrieel	[industriəl]
indústria (f) pesada	swaar industrie	[swãr industri]
indústria (f) ligeira	ligte industrie	[liχtə industri]

produção (f)	produkte	[produktə]
produzir (vt)	produseer	[produseər]
matérias (f pl) primas	grondstowwe	[χront·stowə]

chefe (m) de brigada	voorman	[foərman]
brigada (f)	werkspan	[verks·pan]
operário (m)	werker	[verkər]

dia (m) de trabalho	werksdag	[verks·daχ]
pausa (f)	pouse	[pæʊsə]
reunião (f)	vergadering	[ferχaderiŋ]
discutir (vt)	bespreek	[bespreək]

plano (m)	plan	[plan]
cumprir o plano	die plan uitvoer	[di plan œitfur]
taxa (f) de produção	produksienorm	[produksi·norm]
qualidade (f)	kwaliteit	[kwalitæjt]
controlo (m)	kontrole	[kontrolə]
controlo (m) da qualidade	kwaliteitskontrole	[kwalitæjts·kontrolə]

segurança (f) no trabalho	werkplekveiligheid	[verkplek·fæjliχæjt]
disciplina (f)	dissipline	[dissiplinə]
infração (f)	oortreding	[oərtrediŋ]
violar (as regras)	oortree	[oərtreə]

| greve (f) | staking | [stakiŋ] |
| grevista (m) | staker | [stakər] |

estar em greve	staak	[stāk]
sindicato (m)	vakbond	[fakbont]
inventar (vt)	uitvind	[œitfint]
invenção (f)	uitvinding	[œitfindiŋ]
pesquisa (f)	navorsing	[naforsiŋ]
melhorar (vt)	verbeter	[ferbetər]
tecnologia (f)	tegnologie	[teχnoloχi]
desenho (m) técnico	tegniese tekening	[teχnisə tekəniŋ]
carga (f)	vrag	[fraχ]
carregador (m)	laaier	[lājer]
carregar (vt)	laai	[lāi]
carregamento (m)	laai	[lāi]
descarregar (vt)	uitlaai	[œitlāi]
descarga (f)	uitlaai	[œitlāi]
transporte (m)	vervoer	[ferfur]
companhia (f) de transporte	vervoermaatskappy	[ferfur·mātskappaj]
transportar (vt)	vervoer	[ferfur]
vagão (m) de carga	trok	[trok]
cisterna (f)	tenk	[tɛnk]
camião (m)	vragmotor	[fraχ·motor]
máquina-ferramenta (f)	werktuigmasjien	[verktœiχ·maʃin]
mecanismo (m)	meganisme	[meχanismə]
resíduos (m pl) industriais	industriële afval	[industriɛlə affal]
embalagem (f)	verpakking	[ferpakkiŋ]
embalar (vt)	verpak	[ferpak]

73. Contrato. Acordo

contrato (m)	kontrak	[kontrak]
acordo (m)	ooreenkoms	[oəreenkoms]
adenda (f), anexo (m)	addendum	[addendum]
assinatura (f)	handtekening	[hand·tekəniŋ]
assinar (vt)	onderteken	[ondərtekən]
carimbo (m)	stempel	[stempəl]
objeto (m) do contrato	onderwerp van ooreenkoms	[ondərwerp fan oəreenkoms]
cláusula (f)	klousule	[klæʊsulə]
partes (f pl)	partye	[partaje]
morada (f) jurídica	wetlike adres	[vetlikə adres]
violar o contrato	die kontrak verbreek	[di kontrak ferbreək]
obrigação (f)	verpligting	[ferpliχtiŋ]
responsabilidade (f)	verantwoordelikheid	[ferant·voərdelikhæjt]
força (f) maior	oormag	[oərmaχ]
litígio (m), disputa (f)	geskil	[χeskil]
multas (f pl)	boete	[butə]

74. Importação & Exportação

importação (f)	invoer	[infur]
importador (m)	invoerder	[infurdər]
importar (vt)	invoer	[infur]
de importação	invoer-	[infur-]
exportação (f)	uitvoer	[œitfur]
exportador (m)	uitvoerder	[œitfurdər]
exportar (vt)	uitvoer	[œitfur]
de exportação	uitvoer-	[œitfur-]
mercadoria (f)	goedere	[χudərə]
lote (de mercadorias)	besending	[besendiŋ]
peso (m)	gewig	[χevəχ]
volume (m)	volume	[folumə]
metro (m) cúbico	kubieke meter	[kubikə metər]
produtor (m)	produsent	[produsent]
companhia (f) de transporte	vervoermaatskappy	[fərfur·mātskappaj]
contentor (m)	houer	[hæʋər]
fronteira (f)	grens	[χrɛŋs]
alfândega (f)	doeane	[duanə]
taxa (f) alfandegária	doeanereg	[duanə·reχ]
funcionário (m) da alfândega	doeanebeampte	[duanə·beamptə]
contrabando (atividade)	smokkel	[smokkəl]
contrabando (produtos)	smokkelgoed	[smokkəl·χut]

75. Finanças

ação (f)	aandeel	[āndeəl]
obrigação (f)	obligasie	[obliχasi]
nota (f) promissória	promesse	[promɛssə]
bolsa (f)	beurs	[bøərs]
cotação (m) das ações	aandeelkoers	[āndeəl·kurs]
tornar-se mais barato	daal	[dāl]
tornar-se mais caro	styg	[stajχ]
parte (f)	aandeel	[āndeəl]
participação (f) maioritária	meerderheidsbelang	[meərderhæjts·belaŋ]
investimento (m)	belegging	[beleχχiŋ]
investir (vt)	belê	[belɛ:]
percentagem (f)	persent	[persent]
juros (m pl)	rente	[rentə]
lucro (m)	wins	[vins]
lucrativo	voordelig	[foərdeləχ]
imposto (m)	belasting	[belastiŋ]

divisa (f)	valuta	[faluta]
nacional	nasionaal	[naʃionāl]
câmbio (m)	wissel	[vissəl]
contabilista (m)	boekhouer	[bukhæʊər]
contabilidade (f)	boekhouding	[bukhæʊdiŋ]
bancarrota (f)	bankrotskap	[bankrotskap]
falência (f)	ineenstorting	[inɛnstortiŋ]
ruína (f)	bankrotskap	[bankrotskap]
arruinar-se (vr)	geruïneer wees	[χeruïneer veəs]
inflação (f)	inflasie	[inflasi]
desvalorização (f)	devaluasie	[defaluasi]
capital (m)	kapitaal	[kapitāl]
rendimento (m)	inkomste	[inkomstə]
volume (m) de negócios	omset	[omset]
recursos (m pl)	hulpbronne	[hulpbronnə]
recursos (m pl) financeiros	monetêre hulpbronne	[monetærə hulpbronnə]
despesas (f pl) gerais	oorhoofse koste	[oərhoəfsə kostə]
reduzir (vt)	verminder	[fermindər]

76. Marketing

marketing (m)	bemarking	[bemarkiŋ]
mercado (m)	mark	[mark]
segmento (m) do mercado	marksegment	[mark·seχment]
produto (m)	produk	[produk]
mercadoria (f)	goedere	[χudərə]
marca (f)	merk	[merk]
marca (f) comercial	handelsmerk	[handəls·merk]
logotipo (m)	logo	[loχo]
logo (m)	logo	[loχo]
demanda (f)	vraag	[frãχ]
oferta (f)	aanbod	[ānbot]
necessidade (f)	behoefte	[behuftə]
consumidor (m)	verbruiker	[ferbrœikər]
análise (f)	analise	[analisə]
analisar (vt)	analiseer	[analiseer]
posicionamento (m)	plasing	[plasiŋ]
posicionar (vt)	plaas	[plās]
preço (m)	prys	[prajs]
política (f) de preços	prysbeleid	[prajs·belæjt]
formação (f) de preços	prysvorming	[prajs·formiŋ]

77. Publicidade

publicidade (f)	reklame	[reklamə]
publicitar (vt)	adverteer	[adferteər]

orçamento (m)	begroting	[beχrotiŋ]
anúncio (m) publicitário	advertensie	[adfertɛŋsi]
publicidade (f) televisiva	TV-advertensie	[te·fe-adfertɛŋsi]
publicidade (f) na rádio	radioreklame	[radio·reklamə]
publicidade (f) exterior	buitereklame	[bœitə·reklamə]
meios (m pl) de comunicação social	massamedia	[massa·media]
periódico (m)	tydskrif	[tajdskrif]
imagem (f)	imago	[imaχo]
slogan (m)	slagspreuk	[slaχ·sprøək]
mote (m), divisa (f)	motto	[motto]
campanha (f)	veldtog	[fɛldtoχ]
companha (f) publicitária	reklameveldtog	[reklamə·fɛldtoχ]
grupo (m) alvo	doelgroep	[dul·χrup]
cartão (m) de visita	besigheidskaartjie	[besiχæjts·kārki]
flyer (m)	strooibiljet	[stroj·biljet]
brochura (f)	brosjure	[broʃurə]
folheto (m)	pamflet	[pamflet]
boletim (~ informativo)	nuusbrief	[nɪsbrif]
letreiro (m)	reklamebord	[reklamə·bort]
cartaz, póster (m)	plakkaat	[plakkāt]
painel (m) publicitário	aanplakbord	[ānplakbort]

78. Banca

banco (m)	bank	[bank]
sucursal, balcão (f)	tak	[tak]
consultor (m)	bankklerk	[bank·klerk]
gerente (m)	bestuurder	[bestɪrdər]
conta (f)	bankrekening	[bank·rekəniŋ]
número (m) da conta	rekeningnommer	[rekəniŋ·nommər]
conta (f) corrente	tjekrekening	[tʃek·rekəniŋ]
conta (f) poupança	spaarrekening	[spār·rekəniŋ]
fechar uma conta	die rekening sluit	[di rekəniŋ slœit]
levantar (vt)	trek	[trek]
depósito (m)	deposito	[deposito]
transferência (f) bancária	telegrafiese oorplasing	[teleχrafisə oərplasiŋ]
transferir (vt)	oorplaas	[oərplās]
soma (f)	som	[som]
Quanto?	Hoeveel?	[hufeəl?]
assinatura (f)	handtekening	[hand·tekəniŋ]
assinar (vt)	onderteken	[ondərtekən]
cartão (m) de crédito	kredietkaart	[kredit·kārt]

código (m)	kode	[kodə]
número (m) do cartão de crédito	kredietkaartnommer	[krediˑkãrtˑnommər]
Caixa Multibanco (m)	OTM	[oˑteˑem]

| cheque (m) | tjek | [tʃek] |
| livro (m) de cheques | tjekboek | [tʃekˑbuk] |

| empréstimo (m) | lening | [leniŋ] |
| garantia (f) | waarborg | [vãrborχ] |

79. Telefone. Conversação telefónica

telefone (m)	telefoon	[telefoən]
telemóvel (m)	selfoon	[sɛlfoən]
secretária (f) electrónica	antwoordmasjien	[antwoərtˑmaʃin]

| fazer uma chamada | bel | [bəl] |
| chamada (f) | oproep | [oprup] |

Alô!	Hallo!	[hallo!]
perguntar (vt)	vra	[fra]
responder (vt)	antwoord	[antwoərt]

ouvir (vt)	hoor	[hoər]
bem	goed	[χut]
mal	nie goed nie	[ni χut ni]
ruído (m)	steurings	[støəriŋs]

auscultador (m)	gehoorstuk	[χehoərstuk]
pegar o telefone	optel	[optəl]
desligar (vi)	afskakel	[afskakəl]

ocupado	besig	[besəχ]
tocar (vi)	lui	[lœi]
lista (f) telefónica	telefoongids	[telefoənˑχids]

local	lokale	[lokalə]
chamada (f) local	lokale oproep	[lokalə oprup]
para outra cidade	langafstand	[lanχˑafstant]
chamada (f) para outra cidade	langafstand oproep	[lanχˑafstant oprup]
internacional	internasionale	[internaʃionalə]
chamada (f) internacional	internasionale oproep	[internaʃionalə oprup]

80. Telefone móvel

telemóvel (m)	selfoon	[sɛlfoən]
ecrã (m)	skerm	[skerm]
botão (m)	knoppie	[knoppi]
cartão SIM (m)	SIMkaart	[simˑkãrt]
bateria (f)	battery	[battəraj]
descarregar-se	pap wees	[pap veəs]

carregador (m)	batterylaaier	[battəraj·lajer]
menu (m)	spyskaart	[spajs·kārt]
definições (f pl)	instellings	[instɛlliŋs]
melodia (f)	wysie	[vajsi]
escolher (vt)	kies	[kis]
calculadora (f)	sakrekenaar	[sakrekənār]
correio (m) de voz	stempos	[stem·pos]
despertador (m)	wekker	[vɛkkər]
contatos (m pl)	kontakte	[kontaktə]
mensagem (f) de texto	SMS	[es·em·es]
assinante (m)	intekenaar	[intekənār]

81. Estacionário

caneta (f)	bolpen	[bol·pen]
caneta (f) tinteiro	vulpen	[ful·pen]
lápis (m)	potlood	[potloət]
marcador (m)	merkpen	[merk·pen]
caneta (f) de feltro	viltpen	[filt·pen]
bloco (m) de notas	notaboekie	[nota·buki]
agenda (f)	dagboek	[daχ·buk]
régua (f)	liniaal	[liniāl]
calculadora (f)	sakrekenaar	[sakrekənār]
borracha (f)	uitveër	[œitfeɛr]
pionés (m)	duimspyker	[dœim·spajkər]
clipe (m)	skuifspeld	[skœif·spɛlt]
cola (f)	gom	[χom]
agrafador (m)	krammasjien	[kram·maʃin]
furador (m)	ponsmasjien	[pɔŋs·maʃin]
afia-lápis (m)	skerpmaker	[skerp·makər]

82. Tipos de negócios

serviços (m pl) de contabilidade	boekhoudienste	[bukhæʊ·diŋstə]
publicidade (f)	reklame	[reklamə]
agência (f) de publicidade	reklameburo	[reklamə·buro]
ar condicionado (m)	lugversorger	[luχfersorχər]
companhia (f) aérea	lugredery	[luχrederaj]
bebidas (f pl) alcoólicas	alkoholiese dranke	[alkoholisə drankə]
comércio (m) de antiguidades	antiek	[antik]
galeria (f) de arte	kunsgalery	[kuns·χaleraj]
serviços (m pl) de auditoria	ouditeursdienste	[æʊditøərs·diŋstə]
negócios (m pl) bancários	bankwese	[bankwesə]
bar (m)	kroeg	[kruχ]

salão (m) de beleza	skoonheidssalon	[skoənhæjts·salon]
livraria (f)	boekhandel	[buk·handəl]
cervejaria (f)	brouery	[bræʋəraj]
centro (m) de escritórios	sakesentrum	[sakə·sentrum]
escola (f) de negócios	besigheidsskool	[besiχæjts·skoəl]
casino (m)	kasino	[kasino]
construção (f)	boubedryf	[bæʋbedrajf]
serviços (m pl) de consultoria	advieskantoor	[adfis·kantoər]
estomatologia (f)	tandekliniek	[tandə·klinik]
design (m)	ontwerp	[ontwerp]
farmácia (f)	apteek	[apteək]
lavandaria (f)	droogskoonmakers	[droəχ·skoən·makers]
agência (f) de emprego	arbeidsburo	[arbæjds·buro]
serviços (m pl) financeiros	finansiële dienste	[finaŋsiɛlə diŋstə]
alimentos (m pl)	voedingsware	[fudiŋs·warə]
agência (f) funerária	begrafnisonderneming	[beχrafnis·ondərnemiŋ]
mobiliário (m)	meubels	[møəbɛls]
roupa (f)	klerasie	[klerasi]
hotel (m)	hotel	[hotəl]
gelado (m)	roomys	[roəm·ajs]
indústria (f)	industrie	[industri]
seguro (m)	versekering	[fersekeriŋ]
internet (f)	internet	[internet]
investimento (m)	investerings	[infesteriŋs]
joalheiro (m)	juwelier	[juvelir]
joias (f pl)	juweliersware	[juvelirs·warə]
lavandaria (f)	wassery	[vasseraj]
serviços (m pl) jurídicos	regsadviseur	[reχs·adfisøər]
indústria (f) ligeira	ligte industrie	[liχtə industri]
revista (f)	tydskrif	[tajdskrif]
vendas (f pl) por catálogo	posorderbedryf	[pos·ordər·bedrajf]
medicina (f)	geneesmiddels	[χeneəs·middəls]
cinema (m)	bioskoop	[bioskoəp]
museu (m)	museum	[musøəm]
agência (f) de notícias	nuusagentskap	[nɪs·aχentskap]
jornal (m)	koerant	[kurant]
clube (m) noturno	nagklub	[naχ·klup]
petróleo (m)	olie	[oli]
serviço (m) de encomendas	koerierdienste	[kurir·diŋstə]
indústria (f) farmacêutica	farmasie	[farmasi]
poligrafia (f)	drukkery	[drukkəraj]
editora (f)	uitgewery	[œitχevəraj]
rádio (m)	radio	[radio]
imobiliário (m)	eiendom	[æjendom]
restaurante (m)	restaurant	[restɔurant]
empresa (f) de segurança	sekuriteitsfirma	[sekuritæjts·firma]
desporto (m)	sport	[sport]

bolsa (f)	beurs	[bøərs]
loja (f)	winkel	[vinkəl]
supermercado (m)	supermark	[supermark]
piscina (f)	swembad	[swem·bat]
alfaiataria (f)	kleremaker	[klerə·makər]
televisão (f)	televisie	[telefisi]
teatro (m)	teater	[teatər]
comércio (atividade)	handel	[handəl]
serviços (m pl) de transporte	vervoer	[ferfur]
viagens (m pl)	reisbedryf	[ræjs·bedrajf]
veterinário (m)	veearts	[fee·arts]
armazém (m)	pakhuis	[pak·hœis]
recolha (f) do lixo	afvalinsameling	[affal·insamelin]

Emprego. Negócios. Parte 2

83. Espetáculo. Feira

feira (f)	skou	[skæʊ]
feira (f) comercial	handelsskou	[handəls·skæʊ]
participação (f)	deelneming	[deəlnemiŋ]
participar (vi)	deelneem	[deəlneəm]
participante (m)	deelnemer	[deəlnemər]
diretor (m)	bestuurder	[bestɪrdər]
direção (f)	organisasiekantoor	[orχanisasi·kantoər]
organizador (m)	organiseerder	[orχaniseərdər]
organizar (vt)	organiseer	[orχaniseər]
ficha (f) de inscrição	deelnemingsvorm	[deəlnemiŋs·form]
preencher (vt)	invul	[inful]
detalhes (m pl)	besonderhede	[besondərhedə]
informação (f)	informasie	[informasi]
preço (m)	prys	[prajs]
incluindo	insluitend	[inslœitent]
incluir (vt)	insluit	[inslœit]
pagar (vt)	betaal	[betāl]
taxa (f) de inscrição	registrasiefooi	[reχistrasi·foj]
entrada (f)	ingang	[inχaŋ]
pavilhão (m)	paviljoen	[pafiljun]
inscrever (vt)	registreer	[reχistreər]
crachá (m)	lapelkaart	[lapəl·kārt]
stand (m)	stalletjie	[stalləki]
reservar (vt)	bespreek	[bespreək]
vitrina (f)	uistalkas	[œistalkas]
foco, spot (m)	kollig	[kolləχ]
design (m)	ontwerp	[ontwerp]
pôr, colocar (vt)	sit	[sit]
pôr, colocar	geplaas wees	[χeplās veəs]
distribuidor (m)	verdeler	[ferdelər]
fornecedor (m)	verskaffer	[ferskaffər]
fornecer (vt)	verskaf	[ferskaf]
país (m)	land	[lant]
estrangeiro	buitelands	[bœitəlands]
produto (m)	produk	[produk]
associação (f)	vereniging	[ferenəχiŋ]
sala (f) de conferências	konferensiesaal	[konfɛrɛnsi·sāl]

| congresso (m) | kongres | [konχres] |
| concurso (m) | wedstryd | [vedstrajt] |

visitante (m)	besoeker	[besukər]
visitar (vt)	besoek	[besuk]
cliente (m)	kliënt	[kliɛnt]

84. Ciência. Investigação. Cientistas

ciência (f)	wetenskap	[vetɛŋskap]
científico	wetenskaplik	[vetɛŋskaplik]
cientista (m)	wetenskaplike	[vetɛŋskaplikə]
teoria (f)	teorie	[teori]

axioma (m)	aksioma	[aksioma]
análise (f)	analise	[analisə]
analisar (vt)	analiseer	[analiseər]
argumento (m)	argument	[arχument]
substância (f)	substansie	[substaŋsi]

hipótese (f)	hipotese	[hipotesə]
dilema (m)	dilemma	[dilɛmma]
tese (f)	proefskrif	[prufskrif]
dogma (m)	dogma	[doχma]

doutrina (f)	doktrine	[doktrinə]
pesquisa (f)	navorsing	[naforsiŋ]
pesquisar (vt)	navors	[nafors]
teste (m)	toetse	[tutsə]
laboratório (m)	laboratorium	[laboratorium]

método (m)	metode	[metodə]
molécula (f)	molekule	[molekulə]
monitoramento (m)	monitering	[moniteriŋ]
descoberta (f)	ontdekking	[ontdɛkkiŋ]

postulado (m)	postulaat	[postulāt]
princípio (m)	beginsel	[beχinsəl]
prognóstico (previsão)	voorspelling	[foərspɛlliŋ]
prognosticar (vt)	voorspel	[foərspəl]

síntese (f)	sintese	[sintesə]
tendência (f)	tendens	[tendɛŋs]
teorema (m)	stelling	[stɛlliŋ]

ensinamentos (m pl)	leer	[leər]
facto (m)	feit	[fæjt]
expedição (f)	ekspedisie	[ɛkspedisi]
experiência (f)	eksperiment	[ɛksperiment]

académico (m)	akademikus	[akademikus]
bacharel (m)	baccalaureus	[bakalɔurøəs]
doutor (m)	doktor	[doktor]
docente (m)	medeprofessor	[medə·profɛssor]

mestre (m)	**Magister**	[maχistər]
professor (m) catedrático	**professor**	[profɛssor]

Profissões e ocupações

85. Procura de emprego. Demissão

trabalho (m)	baantjie	[bānki]
equipa (f)	personeel	[personeəl]
pessoal (m)	personeel	[personeəl]
carreira (f)	loopbaan	[loəpbān]
perspetivas (f pl)	vooruitsigte	[foərœit·siχtə]
mestria (f)	meesterskap	[meəsterskap]
seleção (f)	seleksie	[seleksi]
agência (f) de emprego	arbeidsburo	[arbæjds·buro]
CV, currículo (m)	curriculum vitae	[kurrikulum fitaə]
entrevista (f) para um emprego	werksonderhoud	[werk·ondərhæʊt]
vaga (f)	vakature	[fakaturə]
salário (m)	salaris	[salaris]
salário (m) fixo	vaste salaris	[fastə salaris]
pagamento (m)	loon	[loən]
posto (m)	posisie	[posisi]
dever (do empregado)	taak	[tāk]
gama (f) de deveres	reeks opdragte	[reəks opdraχtə]
ocupado	besig	[besəχ]
despedir, demitir (vt)	afdank	[afdank]
demissão (f)	afdanking	[afdankiŋ]
desemprego (m)	werkloosheid	[verkloəshæjt]
desempregado (m)	werkloos	[verkloəs]
reforma (f)	pensioen	[pɛnsiun]
reformar-se	met pensioen gaan	[met pɛnsiun χān]

86. Gente de negócios

diretor (m)	direkteur	[direktøər]
gerente (m)	bestuurder	[bestɪrdər]
patrão, chefe (m)	baas	[bās]
superior (m)	hoof	[hoəf]
superiores (m pl)	hoofde	[hoəfdə]
presidente (m)	direkteur	[direktøər]
presidente (m) de direção	voorsitter	[foərsittər]
substituto (m)	adjunk	[adjunk]
assistente (m)	assistent	[assistent]

| secretário (m) | sekretaris | [sekretaris] |
| secretário (m) pessoal | persoonlike assistent | [persoənlikə assistent] |

homem (m) de negócios	sakeman	[sakəman]
empresário (m)	entrepreneur	[ɛntrəprenøər]
fundador (m)	stigter	[stiχtər]
fundar (vt)	stig	[stiχ]

fundador, sócio (m)	stigter	[stiχtər]
parceiro, sócio (m)	vennoot	[fɛnnoət]
acionista (m)	aandeelhouer	[āndeəl·hæʋər]

milionário (m)	miljoenêr	[miljunær]
bilionário (m)	miljardêr	[miljardær]
proprietário (m)	eienaar	[æjenār]
proprietário (m) de terras	grondeienaar	[χront·æjenār]

cliente (m)	kliënt	[kliɛnt]
cliente (m) habitual	vaste kliënt	[fastə kliɛnt]
comprador (m)	koper	[kopər]
visitante (m)	besoeker	[besukər]

profissional (m)	professioneel	[profɛssioneəl]
perito (m)	kenner	[kɛnnər]
especialista (m)	spesialis	[spesialis]

| banqueiro (m) | bankier | [bankir] |
| corretor (m) | makelaar | [makəlār] |

caixa (m, f)	kassier	[kassir]
contabilista (m)	boekhouer	[bukhæʋər]
guarda (m)	veiligheidswag	[fæjliχæjts·waχ]

investidor (m)	belegger	[beleχər]
devedor (m)	skuldenaar	[skuldenār]
credor (m)	krediteur	[kreditøər]
mutuário (m)	lener	[lenər]

| importador (m) | invoerder | [infurdər] |
| exportador (m) | uitvoerder | [œitfurdər] |

produtor (m)	produsent	[produsent]
distribuidor (m)	verdeler	[ferdelər]
intermediário (m)	tussenpersoon	[tussən·persoən]

consultor (m)	raadgewer	[rāt·χevər]
representante (m)	verkoopsagent	[fɛrkoəps·aχent]
agente (m)	agent	[aχent]
agente (m) de seguros	versekeringsagent	[fersəkeriŋs·aχent]

87. Profissões de serviços

| cozinheiro (m) | kok | [kok] |
| cozinheiro chefe (m) | sjef | [ʃef] |

padeiro (m)	bakker	[bakkər]
barman (m)	kroegman	[kruχman]
empregado (m) de mesa	kelner	[kɛlnər]
empregada (f) de mesa	kelnerin	[kɛlnərin]

advogado (m)	advokaat	[adfokāt]
jurista (m)	prokureur	[prokurøer]
notário (m)	notaris	[notaris]

eletricista (m)	elektrisiën	[ɛlektrisiɛn]
canalizador (m)	loodgieter	[loədχitər]
carpinteiro (m)	timmerman	[timmerman]

massagista (m)	masseerder	[masseərdər]
massagista (f)	masseerster	[masseərstər]
médico (m)	dokter	[doktər]

taxista (m)	taxibestuurder	[taksi·bestɪrdər]
condutor (automobilista)	bestuurder	[bestɪrdər]
entregador (m)	koerier	[kurir]

camareira (f)	kamermeisie	[kamər·mæjsi]
guarda (m)	veiligheidswag	[fæjliχæjts·waχ]
hospedeira (f) de bordo	lugwaardin	[luχ·wārdin]

professor (m)	onderwyser	[ondərwajsər]
bibliotecário (m)	bibliotekaris	[bibliotekaris]
tradutor (m)	vertaler	[fertalər]
intérprete (m)	tolk	[tolk]
guia (pessoa)	gids	[χids]

cabeleireiro (m)	haarkapper	[hār·kappər]
carteiro (m)	posbode	[pos·bodə]
vendedor (m)	verkoper	[ferkopər]

jardineiro (m)	tuinman	[tœin·man]
criado (m)	bediende	[bedində]
criada (f)	bediende	[bedində]
empregada (f) de limpeza	skoonmaakster	[skoən·mākstər]

88. Profissões militares e postos

soldado (m) raso	soldaat	[soldāt]
sargento (m)	sersant	[sersant]
tenente (m)	luitenant	[lœitənant]
capitão (m)	kaptein	[kaptæjn]

major (m)	majoor	[majoər]
coronel (m)	kolonel	[kolonəl]
general (m)	generaal	[χenerāl]
marechal (m)	maarskalk	[mārskalk]
almirante (m)	admiraal	[admirāl]
militar (m)	leër	[leɛr]
soldado (m)	soldaat	[soldāt]

| oficial (m) | offisier | [offisir] |
| comandante (m) | kommandant | [kommandant] |

guarda (m) fronteiriço	grenswag	[χrɛŋs·waχ]
operador (m) de rádio	radio-operateur	[radio-operatøər]
explorador (m)	verkenner	[fɛrkɛnnər]
sapador (m)	sappeur	[sappøər]
atirador (m)	skutter	[skuttər]
navegador (m)	navigator	[nafiχator]

89. Oficiais. Padres

| rei (m) | koning | [koniŋ] |
| rainha (f) | koningin | [koniŋin] |

| príncipe (m) | prins | [prins] |
| princesa (f) | prinses | [prinsəs] |

| czar (m) | tsaar | [tsār] |
| czarina (f) | tsarina | [tsarina] |

presidente (m)	president	[president]
ministro (m)	minister	[minister]
primeiro-ministro (m)	eerste minister	[eərstə ministər]
senador (m)	senator	[senator]

diplomata (m)	diplomaat	[diplomāt]
cônsul (m)	konsul	[kɔŋsul]
embaixador (m)	ambassadeur	[ambassadøər]
conselheiro (m)	adviseur	[adfisøər]

funcionário (m)	amptenaar	[amptənar]
prefeito (m)	prefek	[prefek]
Presidente (m) da Càmara	burgermeester	[burgər·meəstər]

| juiz (m) | regter | [reχtər] |
| procurador (m) | aanklaer | [ānklaər] |

missionário (m)	sendeling	[sendəliŋ]
monge (m)	monnik	[monnik]
abade (m)	ab	[ap]
rabino (m)	rabbi	[rabbi]

vizir (m)	visier	[fisir]
xá (m)	sjah	[ʃah]
xeque (m)	sjeik	[ʃæjk]

90. Profissões agrícolas

apicultor (m)	byeboer	[bajebur]
pastor (m)	herder	[herdər]
agrónomo (m)	landboukundige	[landbæʉ·kundiχə]

| criador (m) de gado | veeteler | [feə·telər] |
| veterinário (m) | veearts | [feə·arts] |

agricultor (m)	boer	[bur]
vinicultor (m)	wynmaker	[vajn·makər]
zoólogo (m)	dierkundige	[dir·kundiχə]
cowboy (m)	cowboy	[kovboj]

91. Profissões artísticas

| ator (m) | akteur | [aktøər] |
| atriz (f) | aktrise | [aktrisə] |

| cantor (m) | sanger | [saŋər] |
| cantora (f) | sangeres | [saŋəres] |

| bailarino (m) | danser | [daŋsər] |
| bailarina (f) | danseres | [daŋsəres] |

| artista (m) | verhoogkunstenaar | [ferhoəχ·kunstənār] |
| artista (f) | verhoogkunstenares | [ferhoəχ·kunstənares] |

músico (m)	musikant	[musikant]
pianista (m)	pianis	[pianis]
guitarrista (m)	kitaarspeler	[kitār·spelər]

maestro (m)	dirigent	[diriχent]
compositor (m)	komponis	[komponis]
empresário (m)	impresario	[impresario]

realizador (m)	filmregisseur	[film·reχissøər]
produtor (m)	produsent	[produsent]
argumentista (m)	draaiboekskrywer	[drājbuk·skrajvər]
crítico (m)	kritikus	[kritikus]

escritor (m)	skrywer	[skrajvər]
poeta (m)	digter	[diχtər]
escultor (m)	beeldhouer	[beəldhæʊər]
pintor (m)	kunstenaar	[kunstənār]

malabarista (m)	jongleur	[jonχløər]
palhaço (m)	hanswors	[haŋswors]
acrobata (m)	akrobaat	[akrobāt]
mágico (m)	goëlaar	[χoɛlār]

92. Várias profissões

médico (m)	dokter	[doktər]
enfermeira (f)	verpleegster	[ferpleəχ·stər]
psiquiatra (m)	psigiater	[psiχiatər]
estomatologista (m)	tandarts	[tand·arts]
cirurgião (m)	chirurg	[ʃirurχ]

astronauta (m)	astronout	[astronæʊt]
astrónomo (m)	astronoom	[astronoəm]
piloto (m)	piloot	[piloət]

motorista (m)	bestuurder	[bestɪrdər]
maquinista (m)	treindrywer	[træjn·drajvər]
mecânico (m)	werktuigkundige	[verktœix̦·kundix̦ə]

mineiro (m)	mynwerker	[majn·werkər]
operário (m)	werker	[verkər]
serralheiro (m)	slotmaker	[slot·makər]
marceneiro (m)	skrynwerker	[skrajn·werkər]
torneiro (m)	draaibankwerker	[drãjbank·werkər]
construtor (m)	bouwerker	[bæʊ·verkər]
soldador (m)	sweiser	[swæjsər]

professor (m) catedrático	professor	[profɛssor]
arquiteto (m)	argitek	[arx̦itek]
historiador (m)	historikus	[historikus]
cientista (m)	wetenskaplike	[vetɛŋskaplikə]
físico (m)	fisikus	[fisikus]
químico (m)	skeikundige	[skæjkundix̦ə]

arqueólogo (m)	argeoloog	[arx̦eoloəx̦]
geólogo (m)	geoloog	[x̦eoloəx̦]
pesquisador (cientista)	navorser	[naforsər]

babysitter (f)	babasitter	[babasittər]
professor (m)	onderwyser	[ondərwajsər]

redator (m)	redakteur	[redaktøər]
redator-chefe (m)	hoofredakteur	[hoəf·redaktøər]
correspondente (m)	korrespondent	[korrespondɛnt]
datilógrafa (f)	tikster	[tikstər]

designer (m)	ontwerper	[ontwerpər]
especialista (m) em informática	rekenaarkenner	[rekənãr·kɛnnər]
programador (m)	programmeur	[proxrammøər]
engenheiro (m)	ingenieur	[inx̦eniøər]

marujo (m)	matroos	[matroəs]
marinheiro (m)	seeman	[seəman]
salvador (m)	redder	[rɛddər]

bombeiro (m)	brandweerman	[brantveər·man]
polícia (m)	polisieman	[polisi·man]
guarda-noturno (m)	bewaker	[bevakər]
detetive (m)	speurder	[spøərdər]

funcionário (m) da alfândega	doeanebeampte	[duanə·beamptə]
guarda-costas (m)	lyfwag	[lajf·wax̦]
guarda (m) prisional	tronkbewaarder	[tronk·bevãrdər]
inspetor (m)	inspekteur	[inspektøər]
desportista (m)	sportman	[sportman]
treinador (m)	breier	[bræjer]

talhante (m) slagter [slaχtər]
sapateiro (m) skoenmaker [skun·makər]
comerciante (m) handelaar [handəlār]
carregador (m) laaier [lājer]

estilista (m) modeontwerper [modə·ontwerpər]
modelo (f) model [modəl]

93. Ocupações. Estatuto social

aluno, escolar (m) skoolseun [skoəl·søən]
estudante (~ universitária) student [student]

filósofo (m) filosoof [filosoəf]
economista (m) ekonoom [ɛkonoəm]
inventor (m) uitvinder [œitfindər]

desempregado (m) werkloos [verkloəs]
reformado (m) pensioentrekker [pɛnsiun·trɛkkər]
espião (m) spioen [spiun]

preso (m) gevangene [χefaŋənə]
grevista (m) staker [stakər]
burocrata (m) burokraat [burokrāt]
viajante (m) reisiger [ræjsiχər]

homossexual (m) gay [χaaj]
hacker (m) kuberkraker [kubər·krakər]
hippie hippie [hippi]

bandido (m) bandiet [bandit]
assassino (m) a soldo huurmoordenaar [hɪr·moərdenār]
toxicodependente (m) dwelmslaaf [dwɛlm·slāf]
traficante (m) dwelmhandelaar [dwɛlm·handəlār]
prostituta (f) prostituut [prostitɪt]
chulo (m) pooier [pojer]

bruxo (m) towenaar [tovenār]
bruxa (f) heks [heks]
pirata (m) piraat, seerower [pirāt], [seə·rovər]
escravo (m) slaaf [slāf]
samurai (m) samoerai [samuraj]
selvagem (m) wilde [vildə]

Educação

94. Escola

escola (f)	skool	[skoəl]
diretor (m) de escola	prinsipaal	[prinsipāl]
aluno (m)	leerder	[leərdər]
aluna (f)	leerder	[leərdər]
escolar (m)	skoolseun	[skoəl·søən]
escolar (f)	skooldogter	[skoəl·doχtər]
ensinar (vt)	leer	[leər]
aprender (vt)	leer	[leər]
aprender de cor	van buite leer	[fan bœitə leər]
estudar (vi)	leer	[leər]
andar na escola	op skool wees	[op skoəl veəs]
ir â escola	skooltoe gaan	[skoəltu χān]
alfabeto (m)	alfabet	[alfabet]
disciplina (f)	vak	[fak]
sala (f) de aula	klaskamer	[klas·kamər]
lição (f)	les	[les]
recreio (m)	pouse	[pæʊsə]
toque (m)	skoolbel	[skoəl·bel]
carteira (f)	skoolbank	[skoəl·bank]
quadro (m) negro	bord	[bort]
nota (f)	simbool	[simboəl]
boa nota (f)	goeie punt	[χuje punt]
nota (f) baixa	slegte punt	[sleχtə punt]
erro (m)	fout	[fæʊt]
fazer erros	foute maak	[fæʊtə māk]
corrigir (vt)	korrigeer	[korriχeər]
cábula (f)	afskryfbriefie	[afskrajf·brifi]
dever (m) de casa	huiswerk	[hœis·werk]
exercício (m)	oefening	[ufeniŋ]
estar presente	aanwesig wees	[ānwesəχ veəs]
estar ausente	afwesig wees	[afwesəχ veəs]
faltar âs aulas	stokkies draai	[stokkis drāj]
punir (vt)	straf	[straf]
punição (f)	straf	[straf]
comportamento (m)	gedrag	[χedraχ]
boletim (m) escolar	rapport	[rapport]

lápis (m)	potlood	[potloət]
borracha (f)	uitveër	[œitfeɛr]
giz (m)	kryt	[krajt]
estojo (m)	potloodsakkie	[potloət·sakki]
pasta (f) escolar	boekesak	[bukə·sak]
caneta (f)	pen	[pen]
caderno (m)	skryfboek	[skrajf·buk]
manual (m) escolar	handboek	[hand·buk]
compasso (m)	passer	[passər]
traçar (vt)	tegniese tekeninge maak	[teχnisə tekənikə māk]
desenho (m) técnico	tegniese tekening	[teχnisə tekəniŋ]
poesia (f)	gedig	[χedəχ]
de cor	van buite	[fan bœitə]
aprender de cor	van buite leer	[fan bœitə leər]
férias (f pl)	skoolvakansie	[skoəl·fakaŋsi]
estar de férias	met vakansie wees	[met fakaŋsi veəs]
passar as férias	jou vakansie deurbring	[jæʊ fakaŋsi døərbriŋ]
teste (m)	toets	[tuts]
composição, redação (f)	opstel	[opstəl]
ditado (m)	diktee	[dikteə]
exame (m)	eksamen	[ɛksamen]
experiência (~ química)	eksperiment	[ɛksperiment]

95. Colégio. Universidade

academia (f)	akademie	[akademi]
universidade (f)	universiteit	[unifersitæjt]
faculdade (f)	fakulteit	[fakultæjt]
estudante (m)	student	[student]
estudante (f)	student	[student]
professor (m)	lektor	[lektor]
sala (f) de palestras	lesingsaal	[lesiŋ·sāl]
graduado (m)	gegradueerde	[χeχradueərdə]
diploma (m)	sertifikaat	[sertifikāt]
tese (f)	proefskrif	[prufskrif]
estudo (obra)	navorsing	[naforsiŋ]
laboratório (m)	laboratorium	[laboratorium]
palestra (f)	lesing	[lesiŋ]
colega (m) de curso	medestudent	[medə·student]
bolsa (f) de estudos	beurs	[bøərs]
grau (m) académico	akademiese graad	[akademisə χrāt]

96. Ciências. Disciplinas

matemática (f)	wiskunde	[viskundə]
álgebra (f)	algebra	[alχebra]
geometria (f)	meetkunde	[meetkundə]
astronomia (f)	astronomie	[astronomi]
biologia (f)	biologie	[bioloχi]
geografia (f)	geografie	[χeoχrafi]
geologia (f)	geologie	[χeoloχi]
história (f)	geskiedenis	[χeskidenis]
medicina (f)	geneeskunde	[χeneəs·kundə]
pedagogia (f)	pedagogie	[pedaχoχi]
direito (m)	regte	[reχtə]
física (f)	fisika	[fisika]
química (f)	chemie	[χemi]
filosofia (f)	filosofie	[filosofi]
psicologia (f)	sielkunde	[silkundə]

97. Sistema de escrita. Ortografia

gramática (f)	grammatika	[χrammatika]
vocabulário (m)	woordeskat	[voərdeskat]
fonética (f)	fonetika	[fonetika]
substantivo (m)	selfstandige naamwoord	[sɛlfstandiχə nãmwoərt]
adjetivo (m)	byvoeglike naamwoord	[bajfuχlikə nãmvoərt]
verbo (m)	werkwoord	[verk·woərt]
advérbio (m)	bijwoord	[bij·woərt]
pronome (m)	voornaamwoord	[foərnãm·voərt]
interjeição (f)	tussenwerpsel	[tussən·werpsəl]
preposição (f)	voorsetsel	[foərsetsəl]
raiz (f) da palavra	stam	[stam]
terminação (f)	agtervoegsel	[aχtər·fuχsəl]
prefixo (m)	voorvoegsel	[foər·fuχsəl]
sílaba (f)	lettergreep	[lɛttər·χreəp]
sufixo (m)	agtervoegsel, suffiks	[aχtər·fuχsəl], [suffiks]
acento (m)	klemteken	[klem·tekən]
apóstrofo (m)	afkappingsteken	[afkappiŋs·tekən]
ponto (m)	punt	[punt]
vírgula (f)	komma	[komma]
ponto e vírgula (m)	kommapunt	[komma·punt]
dois pontos (m pl)	dubbelpunt	[dubbəl·punt]
reticências (f pl)	beletselteken	[beletsəl·tekən]
ponto (m) de interrogação	vraagteken	[frãχ·tekən]
ponto (m) de exclamação	uitroepteken	[œitrup·tekən]

aspas (f pl)	aanhalingstekens	[ānhaliŋs·tekəŋs]
entre aspas	tussen aanhalingstekens	[tussən ānhaliŋs·tekəŋs]
parênteses (m pl)	hakies	[hakis]
entre parênteses	tussen hakies	[tussən hakis]
hífen (m)	koppelteken	[koppəl·tekən]
travessão (m)	strepie	[strepi]
espaço (m)	spasie	[spasi]
letra (f)	letter	[lɛttər]
letra (f) maiúscula	hoofletter	[hoəf·lɛttər]
vogal (f)	klinker	[klinkər]
consoante (f)	konsonant	[kɔŋsonant]
frase (f)	sin	[sin]
sujeito (m)	onderwerp	[ondərwerp]
predicado (m)	predikaat	[predikāt]
linha (f)	reël	[reɛl]
parágrafo (m)	paragraaf	[paraχrāf]
palavra (f)	woord	[voərt]
grupo (m) de palavras	woordgroep	[voərt·χrup]
expressão (f)	uitdrukking	[œitdrukkiŋ]
sinónimo (m)	sinoniem	[sinonim]
antónimo (m)	antoniem	[antonim]
regra (f)	reël	[reɛl]
exceção (f)	uitsondering	[œitsondəriŋ]
correto	korrek	[korrek]
conjugação (f)	vervoeging	[ferfuχiŋ]
declinação (f)	verbuiging	[ferbœəχiŋ]
caso (m)	naamval	[nāmfal]
pergunta (f)	vraag	[frāχ]
sublinhar (vt)	onderstreep	[ondərstreəp]
linha (f) pontilhada	stippellyn	[stippəl·lajn]

98. Línguas estrangeiras

língua (f)	taal	[tāl]
estrangeiro	vreemd	[freəmt]
língua (f) estrangeira	vreemde taal	[freəmdə tāl]
estudar (vt)	studeer	[studeər]
aprender (vt)	leer	[leər]
ler (vt)	lees	[leəs]
falar (vi)	praat	[prāt]
compreender (vt)	verstaan	[ferstān]
escrever (vt)	skryf	[skrajf]
rapidamente	vinnig	[finnəχ]
devagar	stadig	[stadəχ]

fluentemente	vlot	[flot]
regras (f pl)	reëls	[reɛls]
gramática (f)	grammatika	[χrammatika]
vocabulário (m)	woordeskat	[voərdeskat]
fonética (f)	fonetika	[fonetika]

manual (m) escolar	handboek	[hand·buk]
dicionário (m)	woordeboek	[voərdə·buk]
manual (m) de autoaprendizagem	selfstudie boek	[sɛlfstudi buk]
guia (m) de conversação	taalgids	[tāl·χids]

cassete (f)	kasset	[kasset]
vídeo cassete (m)	videoband	[video·bant]
CD (m)	CD	[se·de]
DVD (m)	DVD	[de·fe·de]

alfabeto (m)	alfabet	[alfabet]
soletrar (vt)	spel	[spel]
pronúncia (f)	uitspraak	[œitsprāk]
sotaque (m)	aksent	[aksent]

| palavra (f) | woord | [voərt] |
| sentido (m) | betekenis | [betekənis] |

cursos (m pl)	kursus	[kursus]
inscrever-se (vr)	inskryf	[inskrajf]
professor (m)	onderwyser	[ondərwajsər]

tradução (processo)	vertaling	[fertaliŋ]
tradução (texto)	vertaling	[fertaliŋ]
tradutor (m)	vertaler	[fertalər]
intérprete (m)	tolk	[tolk]

| poliglota (m) | poliglot | [poliχlot] |
| memória (f) | geheue | [χəhøə] |

Descanso. Entretenimento. Viagens

99. Viagens

turismo (m)	toerisme	[turismə]
turista (m)	toeris	[turis]
viagem (f)	reis	[ræjs]
aventura (f)	avontuur	[afontɪr]
viagem (f)	reis	[ræjs]
férias (f pl)	vakansie	[fakaŋsi]
estar de férias	met vakansie wees	[met fakaŋsi veəs]
descanso (m)	rus	[rus]
comboio (m)	trein	[træjn]
de comboio (chegar ~)	per trein	[pər træjn]
avião (m)	vliegtuig	[fliχtœiχ]
de avião	per vliegtuig	[pər fliχtœiχ]
de carro	per motor	[pər motor]
de navio	per skip	[pər skip]
bagagem (f)	bagasie	[baχasi]
mala (f)	tas	[tas]
carrinho (m)	bagasiekarretjie	[baχasi·karrəki]
passaporte (m)	paspoort	[paspoərt]
visto (m)	visum	[fisum]
bilhete (m)	kaartjie	[kārki]
bilhete (m) de avião	lugkaartjie	[luχ·kārki]
guia (m) de viagem	reisgids	[ræjsχids]
mapa (m)	kaart	[kārt]
local (m), area (f)	gebied	[χebit]
lugar, sítio (m)	plek	[plek]
exotismo (m)	eksotiese dinge	[ɛksotisə diŋə]
exótico	eksoties	[ɛksotis]
surpreendente	verbasend	[ferbasent]
grupo (m)	groep	[χrup]
excursão (f)	uitstappie	[œitstappi]
guia (m)	gids	[χids]

100. Hotel

hotel (m)	hotel	[hotəl]
motel (m)	motel	[motəl]
três estrelas	drie-ster	[dri-stər]

cinco estrelas	vyf-ster	[fajf-stər]
ficar (~ num hotel)	oornag	[oərnaχ]
quarto (m)	kamer	[kamər]
quarto (m) individual	enkelkamer	[ɛnkəl·kamər]
quarto (m) duplo	dubbelkamer	[dubbəl·kamər]
meia pensão (f)	met aandete, bed en ontbyt	[met āndetə], [bet en ontbajt]
pensão (f) completa	volle losies	[follə losis]
com banheira	met bad	[met bat]
com duche	met stortbad	[met stort·bat]
televisão (m) satélite	satelliet-TV	[satɛllit-te·fe]
ar (m) condicionado	lugversorger	[luχfersorχər]
toalha (f)	handdoek	[handduk]
chave (f)	sleutel	[sløətəl]
administrador (m)	bestuurder	[bestɪrdər]
camareira (f)	kamermeisie	[kamər·mæjsi]
bagageiro (m)	hoteljoggie	[hotəl·joχi]
porteiro (m)	portier	[portir]
restaurante (m)	restaurant	[restɔurant]
bar (m)	kroeg	[kruχ]
pequeno-almoço (m)	ontbyt	[ontbajt]
jantar (m)	aandete	[āndetə]
buffet (m)	buffetete	[buffetetə]
hall (m) de entrada	voorportaal	[foər·portāl]
elevador (m)	hysbak	[hajsbak]
NÃO PERTURBE	MOENIE STEUR NIE	[muni støər ni]
PROIBIDO FUMAR!	ROOK VERBODE	[roek ferbodə]

EQUIPAMENTO TÉCNICO. TRANSPORTES

Equipamento técnico. Transportes

101. Computador

computador (m)	rekenaar	[rekənār]
portátil (m)	skootrekenaar	[skoet·rekənār]
ligar (vt)	aanskakel	[āŋskakəl]
desligar (vt)	afskakel	[afskakəl]
teclado (m)	toetsbord	[tuts·bort]
tecla (f)	toets	[tuts]
rato (m)	muis	[mœis]
tapete (m) de rato	muismatjie	[mœis·maki]
botão (m)	knop	[knop]
cursor (m)	loper	[lopər]
monitor (m)	monitor	[monitor]
ecrã (m)	skerm	[skerm]
disco (m) rígido	harde skyf	[hardə skajf]
capacidade (f) do disco rígido	harde skyf se vermoë	[hardə skajf sə fermoɛ]
memória (f)	geheue	[χəhøə]
memória (f) operativa	RAM-geheue	[ram-χehøəə]
ficheiro (m)	lêer	[lɛər]
pasta (f)	gids	[χids]
abrir (vt)	oopmaak	[oəpmāk]
fechar (vt)	sluit	[slœit]
guardar (vt)	bewaar	[bevār]
apagar, eliminar (vt)	uitvee	[œitfeə]
copiar (vt)	kopieer	[kopir]
ordenar (vt)	sorteer	[sorteər]
copiar (vt)	oorplaas	[oərplās]
programa (m)	program	[proχram]
software (m)	sagteware	[saχtevarə]
programador (m)	programmeur	[proχrammøər]
programar (vt)	programmeer	[proχrammeər]
hacker (m)	kuberkraker	[kubər·krakər]
senha (f)	wagwoord	[vaχ·woert]
vírus (m)	virus	[firus]
detetar (vt)	opspoor	[opspoər]
byte (m)	greep	[χreəp]

megabyte (m)	megagreep	[meχaχreəp]
dados (m pl)	data	[data]
base (f) de dados	databasis	[data·basis]

cabo (m)	kabel	[kabəl]
desconectar (vt)	ontkoppel	[ontkoppəl]
conetar (vt)	konnekteer	[konnekteər]

102. Internet. E-mail

internet (f)	internet	[internet]
browser (m)	webblaaier	[veb·blãjer]
motor (m) de busca	soekenjin	[suk·ɛndʒin]
provedor (m)	verskaffer	[ferskaffər]

webmaster (m)	webmeester	[veb·meəstər]
website, sítio web (m)	webwerf	[veb·werf]
página (f) web	webblad	[veb·blat]

| endereço (m) | adres | [adres] |
| livro (m) de endereços | adresboek | [adres·buk] |

caixa (f) de correio	posbus	[pos·bus]
correio (m)	pos	[pos]
cheia (caixa de correio)	vol	[fol]

mensagem (f)	boodskap	[boədskap]
mensagens (f pl) recebidas	inkomende boodskappe	[inkomendə boədskappə]
mensagens (f pl) enviadas	uitgaande boodskappe	[œitχãndə boədskappə]

remetente (m)	sender	[sendər]
enviar (vt)	verstuur	[ferstɪr]
envio (m)	versending	[fersendiŋ]

| destinatário (m) | ontvanger | [ontfaŋər] |
| receber (vt) | ontvang | [ontfaŋ] |

| correspondência (f) | korrespondensie | [korrespondɛnsi] |
| corresponder-se (vr) | korrespondeer | [korrespondeər] |

ficheiro (m)	lêer	[lɛər]
fazer download, baixar	aflaai	[aflãi]
criar (vt)	skep	[skep]
apagar, eliminar (vt)	uitvee	[œitfeə]
eliminado	uitgevee	[œitχefeə]

ligação (f)	konneksie	[konneksi]
velocidade (f)	spoed	[sput]
modem (m)	modem	[modem]
acesso (m)	toegang	[tuχaŋ]
porta (f)	portaal	[portãl]

| conexão (f) | aansluiting | [ãŋslœitiŋ] |
| conetar (vi) | aansluit by ... | [ãŋslœit baj ...] |

escolher (vt)	kies	[kis]
buscar (vt)	soek	[suk]

103. Eletricidade

eletricidade (f)	elektrisiteit	[ɛlektrisitæjt]
elétrico	elektries	[ɛlektris]
central (f) elétrica	kragstasie	[kraχ·stasi]
energia (f)	krag	[kraχ]
energia (f) elétrica	elektriese krag	[ɛlektrisə kraχ]
lâmpada (f)	gloeilamp	[χlui·lamp]
lanterna (f)	flits	[flits]
poste (m) de iluminação	straatlig	[strātləχ]
luz (f)	lig	[liχ]
ligar (vt)	aanskakel	[āŋskakəl]
desligar (vt)	afskakel	[afskakəl]
apagar a luz	die lig afskakel	[di liχ afskakəl]
fundir (vi)	doodbrand	[doədbrant]
curto-circuito (m)	kortsluiting	[kort·slœitiŋ]
rutura (f)	gebreekte kabel	[χebreəktə kabəl]
contacto (m)	kontak	[kontak]
interruptor (m)	ligskakelaar	[liχ·skakelār]
tomada (f)	muurprop	[mɪrprop]
ficha (f)	prop	[prop]
extensão (f)	verlengkabel	[ferleŋ·kabəl]
fusível (m)	sekering	[sekəriŋ]
fio, cabo (m)	kabel	[kabəl]
instalação (f) elétrica	bedrading	[bedradiŋ]
ampere (m)	ampère	[ampɛ:r]
amperagem (f)	stroomsterkte	[stroəm·sterktə]
volt (m)	volt	[folt]
voltagem (f)	spanning	[spanniŋ]
aparelho (m) elétrico	elektriese toestel	[ɛlektrisə tustəl]
indicador (m)	aanduier	[āndœiər]
eletricista (m)	elektrisiën	[ɛlektrisiɛn]
soldar (vt)	soldeer	[soldeər]
ferro (m) de soldar	soldeerbout	[soldeər·bæʊt]
corrente (f) elétrica	elektriese stroom	[ɛlektrisə stroəm]

104. Ferramentas

ferramenta (f)	werktuig	[verktœiχ]
ferramentas (f pl)	gereedskap	[χereədskap]
equipamento (m)	toerusting	[turustiŋ]

martelo (m)	hamer	[hamər]
chave (f) de fendas	skroewedraaier	[skruvə·drājer]
machado (m)	byl	[bajl]

serra (f)	saag	[sāχ]
serrar (vt)	saag	[sāχ]
plaina (f)	skaaf	[skāf]
aplainar (vt)	skaaf	[skāf]
ferro (m) de soldar	soldeerbout	[soldeər·bæʊt]
soldar (vt)	soldeer	[soldeər]

lima (f)	vyl	[fajl]
tenaz (f)	knyptang	[knajptaŋ]
alicate (m)	tang	[taŋ]
formão (m)	beitel	[bæjtəl]

broca (f)	boor	[boər]
berbequim (f)	elektriese boor	[ɛlektrisə boər]
furar (vt)	boor	[boər]

faca (f)	mes	[mes]
canivete (m)	sakmes	[sakmes]
lâmina (f)	lem	[lem]

afiado	skerp	[skerp]
cego	stomp	[stomp]
embotar-se (vr)	stomp raak	[stomp rāk]
afiar, amolar (vt)	slyp	[slajp]

parafuso (m)	bout	[bæʊt]
porca (f)	moer	[mur]
rosca (f)	draad	[drāt]
parafuso (m) para madeira	houtskroef	[hæʊt·skruf]

| prego (m) | spyker | [spajkər] |
| cabeça (f) do prego | kop | [kop] |

régua (f)	meetlat	[meətlat]
fita (f) métrica	meetband	[meət·bant]
nível (m)	waterpas	[vatərpas]
lupa (f)	vergrootglas	[ferχroət·χlas]

medidor (m)	meetinstrument	[meət·instrument]
medir (vt)	meet	[meət]
escala (f)	skaal	[skāl]
leitura (f)	lesings	[lesiŋs]

| compressor (m) | kompressor | [komprɛssor] |
| microscópio (m) | mikroskoop | [mikroskoəp] |

bomba (f)	pomp	[pomp]
robô (m)	robot	[robot]
laser (m)	laser	[lasər]

| chave (f) de boca | moersleutel | [mur·sløətəl] |
| fita (f) adesiva | plakband | [plak·bant] |

cola (f)	gom	[χom]
lixa (f)	skuurpapier	[skɪr·papir]
mola (f)	veer	[feər]
íman (m)	magneet	[maχneət]
luvas (f pl)	handskoene	[handskunə]
corda (f)	tou	[tæʊ]
cordel (m)	tou	[tæʊ]
fio (m)	draad	[drāt]
cabo (m)	kabel	[kabəl]
marreta (f)	voorhamer	[foər·hamər]
pé de cabra (f)	breekyster	[breəkajstər]
escada (f) de mão	leer	[leər]
escadote (m)	trapleer	[trapleər]
enroscar (vt)	vasskroef	[fasskruf]
desenroscar (vt)	losskroef	[losskruf]
apertar (vt)	saampars	[sāmpars]
colar (vt)	vasplak	[fasplak]
cortar (vt)	sny	[snaj]
falha (mau funcionamento)	fout	[fæʊt]
conserto (m)	herstelwerk	[herstəl·werk]
consertar, reparar (vt)	herstel	[herstəl]
regular, ajustar (vt)	stel	[stəl]
verificar (vt)	nagaan	[naχān]
verificação (f)	kontrole	[kontrolə]
leitura (f)	lesings	[lesiŋs]
seguro	betroubaar	[betræʊbār]
complicado	ingewikkelde	[inχəwikkɛldə]
enferrujar (vi)	roes	[rus]
enferrujado	verroes	[ferrus]
ferrugem (f)	roes	[rus]

T&P Books. Vocabulário Português-Afrikaans - 5000 palavras

Transportes

105. Avião

avião (m)	vliegtuig	[flixtœix]
bilhete (m) de avião	lugkaartjie	[lux·kãrki]
companhia (f) aérea	lugredery	[luxrederaj]
aeroporto (m)	lughawe	[luxhavə]
supersónico	supersonies	[supersonis]
comandante (m) do avião	kaptein	[kaptæjn]
tripulação (f)	bemanning	[bemanniŋ]
piloto (m)	piloot	[pilœt]
hospedeira (f) de bordo	lugwaardin	[lux·wãrdin]
copiloto (m)	navigator	[nafixator]
asas (f pl)	vlerke	[flerkə]
cauda (f)	stert	[stert]
cabine (f) de pilotagem	stuurkajuit	[stɪr·kajœit]
motor (m)	enjin	[ɛndʒin]
trem (m) de aterragem	landingstel	[landiŋ·stəl]
turbina (f)	turbine	[turbinə]
hélice (f)	skroef	[skruf]
caixa-preta (f)	swart boks	[swart boks]
coluna (f) de controlo	stuurstang	[stɪr·staŋ]
combustível (m)	brandstof	[brantstof]
instruções (f pl) de segurança	veiligheidskaart	[fæjlixæjts·kãrt]
máscara (f) de oxigénio	suurstofmasker	[sɪrstof·maskər]
uniforme (m)	uniform	[uniform]
colete (m) salva-vidas	reddingsbaadjie	[rɛddiŋs·bãdʒi]
paraquedas (m)	valskerm	[fal·skerm]
descolagem (f)	opstyging	[opstajxiŋ]
descolar (vi)	opstyg	[opstajx]
pista (f) de descolagem	landingsbaan	[landiŋs·bãn]
visibilidade (f)	uitsig	[œitsəx]
voo (m)	vlug	[flux]
altura (f)	hoogte	[hoəxtə]
poço (m) de ar	lugsak	[luxsak]
assento (m)	sitplek	[sitplek]
auscultadores (m pl)	koptelefoon	[kop·telefoən]
mesa (f) rebatível	voutafeltjie	[fæʊ·tafɛlki]
vigia (f)	vliegtuigvenster	[flixtœix·fɛŋstər]
passagem (f)	paadjie	[pãdʒi]

106. Comboio

comboio (m)	trein	[træjn]
comboio (m) suburbano	voorstedelike trein	[fœrstedelikə træjn]
comboio (m) rápido	sneltrein	[snɛl·træjn]
locomotiva (f) diesel	diesellokomotief	[disəl·lokomotif]
comboio (m) a vapor	stoomlokomotief	[stoəm·lokomotif]
carruagem (f)	passasierswa	[passasirs·wa]
carruagem restaurante (f)	eetwa	[eət·wa]
carris (m pl)	spoorstawe	[spoər·stavə]
caminho de ferro (m)	spoorweg	[spoər·weχ]
travessa (f)	dwarslêer	[dwarslɛər]
plataforma (f)	perron	[perron]
linha (f)	spoor	[spoər]
semáforo (m)	semafoor	[semafoər]
estação (f)	stasie	[stasi]
maquinista (m)	treindrywer	[træjn·drajvər]
bagageiro (m)	portier	[portir]
hospedeiro, -a (da carruagem)	kondukteur	[konduktøər]
passageiro (m)	passasier	[passasir]
revisor (m)	kondukteur	[konduktøər]
corredor (m)	gang	[χaŋ]
freio (m) de emergência	noodrem	[noədrem]
compartimento (m)	kompartiment	[kompartiment]
cama (f)	bed	[bet]
cama (f) de cima	boonste bed	[boəŋstə bet]
cama (f) de baixo	onderste bed	[ondərstə bet]
roupa (f) de cama	beddegoed	[beddə·χut]
bilhete (m)	kaartjie	[kãrki]
horário (m)	diensrooster	[diŋs·roəstər]
painel (m) de informação	informasiebord	[informasi·bort]
partir (vt)	vertrek	[fertrek]
partida (f)	vertrek	[fertrek]
chegar (vi)	aankom	[ãnkom]
chegada (f)	aankoms	[ãnkoms]
chegar de comboio	aankom per trein	[ãnkom pər træjn]
apanhar o comboio	in die trein klim	[in di træjn klim]
sair do comboio	uit die trein klim	[œit di træjn klim]
acidente (m) ferroviário	treinbotsing	[træjn·botsiŋ]
descarrilar (vi)	ontspoor	[ontspoər]
comboio (m) a vapor	stoomlokomotief	[stoəm·lokomotif]
fogueiro (m)	stoker	[stokər]
fornalha (f)	stookplek	[stoəkplek]
carvão (m)	steenkool	[steən·koəl]

107. Barco

navio (m)	skip	[skip]
embarcação (f)	vaartuig	[fārtœiχ]
vapor (m)	stoomboot	[stoəm·boət]
navio (m)	rivierboot	[rifir·boət]
transatlântico (m)	toerskip	[tur·skip]
cruzador (m)	kruiser	[krœisər]
iate (m)	jag	[jaχ]
rebocador (m)	sleepboot	[sleəp·boət]
barcaça (f)	vragskuit	[fraχ·skœit]
ferry (m)	veerboot	[feər·boət]
veleiro (m)	seilskip	[sæjl·skip]
bergantim (m)	skoenerbrik	[skunər·brik]
quebra-gelo (m)	ysbreker	[ajs·brekər]
submarino (m)	duikboot	[dœik·boət]
bote, barco (m)	roeiboot	[ruiboət]
bote, dingue (m)	bootjie	[boəki]
bote (m) salva-vidas	reddingsboot	[rɛddiŋs·boət]
lancha (f)	motorboot	[motor·boət]
capitão (m)	kaptein	[kaptæjn]
marinheiro (m)	seeman	[seəman]
marujo (m)	matroos	[matroəs]
tripulação (f)	bemanning	[bemanniŋ]
contramestre (m)	bootsman	[boətsman]
grumete (m)	skeepsjonge	[skeəps·joŋə]
cozinheiro (m) de bordo	kok	[kok]
médico (m) de bordo	skeepsdokter	[skeəps·doktər]
convés (m)	dek	[dek]
mastro (m)	mas	[mas]
vela (f)	seil	[sæjl]
porão (m)	skeepsruim	[skeəps·rœim]
proa (f)	boeg	[buχ]
popa (f)	agterstewe	[aχtərstevə]
remo (m)	roeispaan	[ruis·pān]
hélice (f)	skroef	[skruf]
camarote (m)	kajuit	[kajœit]
sala (f) dos oficiais	offisierskajuit	[offisirs·kajœit]
sala (f) das máquinas	enjinkamer	[ɛndʒin·kamər]
ponte (m) de comando	brug	[bruχ]
sala (f) de comunicações	radiokamer	[radio·kamər]
onda (f) de rádio	golf	[χolf]
diário (m) de bordo	logboek	[loχbuk]
luneta (f)	verkyker	[ferkajkər]
sino (m)	bel	[bəl]

bandeira (f)	vlag	[flaχ]
cabo (m)	kabel	[kabəl]
nó (m)	knoop	[knoəp]
corrimão (m)	dekleuning	[dek·løəniŋ]
prancha (f) de embarque	gangplank	[χaŋ·plank]
âncora (f)	anker	[ankər]
recolher a âncora	anker lig	[ankər ləχ]
lançar a âncora	anker uitgooi	[ankər œitχoj]
amarra (f)	ankerketting	[ankər·kɛttiŋ]
porto (m)	hawe	[havə]
cais, amarradouro (m)	kaai	[kāi]
atracar (vi)	vasmeer	[fasmeər]
desatracar (vi)	vertrek	[fertrek]
viagem (f)	reis	[ræjs]
cruzeiro (m)	cruise	[kru:s]
rumo (m), rota (f)	koers	[kurs]
itinerário (m)	roete	[rutə]
canal (m) navegável	vaarwater	[fār·vatər]
baixio (m)	sandbank	[sand·bank]
encalhar (vt)	strand	[strant]
tempestade (f)	storm	[storm]
sinal (m)	sienjaal	[sinjāl]
afundar-se (vr)	sink	[sink]
Homem ao mar!	Man oorboord!	[man oərboərd!]
SOS	SOS	[sos]
boia (f) salva-vidas	reddingsboei	[rɛddiŋs·bui]

108. Aeroporto

aeroporto (m)	lughawe	[luχhavə]
avião (m)	vliegtuig	[fliχtœiχ]
companhia (f) aérea	lugredery	[luχrederaj]
controlador (m) de tráfego aéreo	lugverkeersleier	[luχ·ferkeərs·læjer]
partida (f)	vertrek	[fertrek]
chegada (f)	aankoms	[ānkoms]
chegar (~ de avião)	aankom	[ānkom]
hora (f) de partida	vertrektyd	[fertrək·tajt]
hora (f) de chegada	aankomstyd	[ānkoms·tajt]
estar atrasado	vertraag wees	[fertrāχ veəs]
atraso (m) de voo	vlugvertraging	[fluχ·fertraχiŋ]
painel (m) de informação	informasiebord	[informasi·bort]
informação (f)	informasie	[informasi]
anunciar (vt)	aankondig	[ānkondəχ]

Português	Afrikaans	Pronúncia
voo (m)	vlug	[fluχ]
alfândega (f)	doeane	[duanə]
funcionário (m) da alfândega	doeanebeampte	[duanə·beamptə]
declaração (f) alfandegária	doeaneverklaring	[duanə·ferklariŋ]
preencher (vt)	invul	[inful]
controlo (m) de passaportes	paspoortkontrole	[paspoərt·kontrolə]
bagagem (f)	bagasie	[baχasi]
bagagem (f) de mão	handbagasie	[hand·baχasi]
carrinho (m)	bagasiekarretjie	[baχasi·karrəki]
aterragem (f)	landing	[landiŋ]
pista (f) de aterragem	landingsbaan	[landiŋs·bān]
aterrar (vi)	land	[lant]
escada (f) de avião	vliegtuigtrap	[fliχtœiχ·trap]
check-in (m)	na die vertrektoonbank	[na di fertrək·toənbank]
balcão (m) do check-in	vertrektoonbank	[fertrək·toənbank]
fazer o check-in	na die vertrektoonbank gaan	[na di fertrək·toənbank χān]
cartão (m) de embarque	instapkaart	[instap·kārt]
porta (f) de embarque	vertrekuitgang	[fertrek·œitχaŋ]
trânsito (m)	transito	[traŋsito]
esperar (vi, vt)	wag	[vaχ]
sala (f) de espera	vertreksaal	[fertrək·sāl]
despedir-se de ...	afsien	[afsin]
despedir-se (vr)	afskeid neem	[afskæjt neəm]

Eventos

109. Férias. Evento

festa (f)	partytjie	[partajki]
festa (f) nacional	nasionale dag	[naʃionalə daχ]
feriado (m)	openbare vakansiedag	[openbarə fakaŋsi·daχ]
festejar (vt)	herdenk	[herdenk]
evento (festa, etc.)	gebeurtenis	[χebøərtenis]
evento (banquete, etc.)	gebeurtenis	[χebøərtenis]
banquete (m)	banket	[banket]
receção (f)	onthaal	[onthāl]
festim (m)	feesmaal	[feəs·māl]
aniversário (m)	verjaardag	[ferjār·daχ]
jubileu (m)	jubileum	[jubiløəm]
celebrar (vt)	vier	[fir]
Ano (m) Novo	Nuwejaar	[nuvejār]
Feliz Ano Novo!	Voorspoedige Nuwejaar	[foərspudiχə nuvejār]
Pai (m) Natal	Kersvader	[kers·fadər]
Natal (m)	Kersfees	[kersfeəs]
Feliz Natal!	Geseënde Kersfees	[χeseɛndə kersfeɛs]
árvore (f) de Natal	Kersboom	[kers·boəm]
fogo (m) de artifício	vuurwerk	[fɪrwerk]
boda (f)	bruilof	[brœilof]
noivo (m)	bruidegom	[brœidəχom]
noiva (f)	bruid	[brœit]
convidar (vt)	uitnooi	[œitnoj]
convite (m)	uitnodiging	[œitnodəχiŋ]
convidado (m)	gas	[χas]
visitar (vt)	besoek	[besuk]
receber os hóspedes	die gaste ontmoet	[di χastə ontmut]
presente (m)	present	[present]
oferecer (vt)	gee	[χeə]
receber presentes	presente ontvang	[presentə ontfaŋ]
ramo (m) de flores	boeket	[buket]
felicitações (f pl)	gelukwense	[χelukwɛŋsə]
felicitar (dar os parabéns)	gelukwens	[χelukwɛŋs]
cartão (m) de parabéns	geleentheidskaartjie	[χeleenthæjts·kārki]
brinde (m)	heildronk	[hæjldronk]
oferecer (vt)	aanbied	[ānbit]

champanhe (m)	sjampanje	[ʃampanjə]
divertir-se (vr)	jouself geniet	[jæusɛlf χenit]
diversão (f)	pret	[pret]
alegria (f)	vreugde	[frøəχdə]

| dança (f) | dans | [daŋs] |
| dançar (vi) | dans | [daŋs] |

| valsa (f) | wals | [vals] |
| tango (m) | tango | [tanχo] |

110. Funerais. Enterro

cemitério (m)	begraafplaas	[beχrāf·plās]
sepultura (f), túmulo (m)	graf	[χraf]
cruz (f)	kruis	[krœis]
lápide (f)	grafsteen	[χrafsteən]
cerca (f)	heining	[hæjniŋ]
capela (f)	kapel	[kapəl]

morte (f)	dood	[doət]
morrer (vi)	doodgaan	[doədχān]
defunto (m)	oorledene	[oərledenə]
luto (m)	rou	[ræʊ]

enterrar, sepultar (vt)	begrawe	[beχravə]
agência (f) funerária	begrafnisonderneming	[beχrafnis·ondərnemiŋ]
funeral (m)	begrafnis	[beχrafnis]

coroa (f) de flores	krans	[kraŋs]
caixão (m)	doodskis	[doədskis]
carro (m) funerário	lykswa	[lajks·wa]
mortalha (f)	lykkleed	[lajk·kleət]

procissão (f) funerária	begrafnisstoet	[beχrafnis·stut]
urna (f) funerária	urn	[urn]
crematório (m)	krematorium	[krematorium]

obituário (m), necrologia (f)	doodsberig	[doəds·berəχ]
chorar (vi)	huil	[hœil]
soluçar (vi)	snik	[snik]

111. Guerra. Soldados

pelotão (m)	peleton	[peleton]
companhia (f)	kompanie	[kompani]
regimento (m)	regiment	[reχiment]
exército (m)	leër	[leɛr]
divisão (f)	divisie	[difisi]

| destacamento (m) | afdeling | [afdeliŋ] |
| hoste (f) | leërskare | [leɛrskarə] |

| soldado (m) | soldaat | [soldãt] |
| oficial (m) | offisier | [offisir] |

soldado (m) raso	soldaat	[soldãt]
sargento (m)	sersant	[sersant]
tenente (m)	luitenant	[lœitənant]
capitão (m)	kaptein	[kaptæjn]
major (m)	majoor	[majoər]
coronel (m)	kolonel	[kolonəl]
general (m)	generaal	[χenerãl]

marujo (m)	matroos	[matroəs]
capitão (m)	kaptein	[kaptæjn]
contramestre (m)	bootsman	[boətsman]

artilheiro (m)	artilleris	[artilleris]
soldado (m) paraquedista	valskermsoldaat	[falskerm·soldãt]
piloto (m)	piloot	[piloət]
navegador (m)	navigator	[nafiχator]
mecânico (m)	werktuigkundige	[verktœiχ·kundiχə]

sapador (m)	sappeur	[sappøər]
paraquedista (m)	valskermspringer	[falskerm·spriŋər]
explorador (m)	verkenner	[ferkɛnnər]
franco-atirador (m)	skerpskut	[skerp·skut]

patrulha (f)	patrollie	[patrolli]
patrulhar (vt)	patrolleer	[patrolleər]
sentinela (f)	wag	[vaχ]

guerreiro (m)	vegter	[feχtər]
patriota (m)	patriot	[patriot]
herói (m)	held	[hɛlt]
heroína (f)	heldin	[hɛldin]

| traidor (m) | verraaier | [ferrãjer] |
| trair (vt) | verraai | [ferrãi] |

| desertor (m) | droster | [drostər] |
| desertar (vt) | dros | [dros] |

mercenário (m)	huursoldaat	[hɪr·soldãt]
recruta (m)	rekruteer	[rekruteər]
voluntário (m)	vrywilliger	[frajvilliχər]

morto (m)	dooie	[dojə]
ferido (m)	gewonde	[χevondə]
prisioneiro (m) de guerra	krygsgevangene	[krajχs·χefaŋənə]

112. Guerra. Ações militares. Parte 1

guerra (f)	oorlog	[oərloχ]
guerrear (vt)	oorlog voer	[oərloχ fur]
guerra (f) civil	burgeroorlog	[burgər·oərloχ]

perfidamente	valslik	[falslik]
declaração (f) de guerra	oorlogsverklaring	[oərloχs·ferklariŋ]
declarar (vt) guerra	oorlog verklaar	[oərloχ ferklãr]
agressão (f)	aggressie	[aχrɛssi]
atacar (vt)	aanval	[ãnfal]

invadir (vt)	binneval	[binnəfal]
invasor (m)	binnevaller	[binnəfallər]
conquistador (m)	veroweraar	[feroverãr]

defesa (f)	verdediging	[ferdedəχiŋ]
defender (vt)	verdedig	[ferdedəχ]
defender-se (vr)	jouself verdedig	[jæusɛlf ferdedəχ]

inimigo (m)	vyand	[fajant]
adversário (m)	teëstander	[teɛstandər]
inimigo	vyandig	[fajandəχ]

| estratégia (f) | strategie | [strateχi] |
| tática (f) | taktiek | [taktik] |

ordem (f)	bevel	[befəl]
comando (m)	bevel	[befəl]
ordenar (vt)	beveel	[befeəl]
missão (f)	opdrag	[opdraχ]
secreto	geheim	[χəhæjm]

| batalha (f) | veldslag | [fɛltslaχ] |
| combate (m) | geveg | [χefeχ] |

ataque (m)	aanval	[ãnfal]
assalto (m)	bestorming	[bestormiŋ]
assaltar (vt)	bestorm	[bestorm]
assédio, sítio (m)	beleg	[beleχ]

| ofensiva (f) | aanval | [ãnfal] |
| passar à ofensiva | tot die offensief oorgaan | [tot di offɛŋsif oərχãn] |

| retirada (f) | terugtrekking | [teruχ·trɛkkiŋ] |
| retirar-se (vr) | terugtrek | [teruχtrek] |

| cerco (m) | omsingeling | [omsinχəliŋ] |
| cercar (vt) | omsingel | [omsiŋəl] |

bombardeio (m)	bombardement	[bombardement]
bombardear (vt)	bombardeer	[bombardeər]
explosão (f)	ontploffing	[ontploffiŋ]

| tiro (m) | skoot | [skoət] |
| tiroteio (m) | skiet | [skit] |

apontar para ...	mik op	[mik op]
apontar (vt)	rig	[riχ]
acertar (vt)	tref	[tref]
afundar (um navio)	sink	[sink]
brecha (f)	gat	[χat]

afundar (vi)	sink	[sink]
frente (m)	front	[front]
evacuação (f)	evakuasie	[ɛfakuasi]
evacuar (vt)	evakueer	[ɛfakueər]
trincheira (f)	loopgraaf	[loəpχrāf]
arame (m) farpado	doringdraad	[doriŋ·drāt]
obstáculo (m) anticarro	versperring	[fersperriŋ]
torre (f) de vigia	wagtoring	[vaχ·toriŋ]
hospital (m)	militêre hospitaal	[militærə hospitāl]
ferir (vt)	wond	[vont]
ferida (f)	wond	[vont]
ferido (m)	gewonde	[χevondə]
ficar ferido	gewond	[χevont]
grave (ferida ~)	ernstig	[ɛrnstəχ]

113. Guerra. Ações militares. Parte 2

cativeiro (m)	gevangenskap	[χefaŋənskap]
capturar (vt)	gevange neem	[χefaŋə neəm]
estar em cativeiro	in gevangenskap wees	[in χefaŋənskap veəs]
ser aprisionado	in gevangenskap geneem word	[in χefaŋənskap χeneəm vort]
campo (m) de concentração	konsentrasiekamp	[kɔŋsentrasi·kamp]
prisioneiro (m) de guerra	krygsgevangene	[krajχs·χefaŋənə]
escapar (vi)	ontsnap	[ontsnap]
trair (vt)	verraai	[fɛrrāi]
traidor (m)	verraaier	[fɛrrājer]
traição (f)	verraad	[fɛrrāt]
fuzilar, executar (vt)	eksekuteer	[ɛksekuteər]
fuzilamento (m)	eksekusie	[ɛksekusi]
equipamento (m)	toerusting	[turustiŋ]
platina (f)	skouerstrook	[skæʊer·stroək]
máscara (f) antigás	gasmasker	[χas·maskər]
rádio (m)	veldradio	[fɛlt·radio]
cifra (f), código (m)	geheime kode	[χəhæjmə kodə]
conspiração (f)	geheimhouding	[χəhæjm·hæʊdiŋ]
senha (f)	wagwoord	[vaχ·woərt]
mina (f)	landmyn	[land·majn]
minar (vt)	bemyn	[bemajn]
campo (m) minado	mynveld	[majn·fɛlt]
alarme (m) aéreo	lugalarm	[luχ·alarm]
alarme (m)	alarm	[alarm]
sinal (m)	sienjaal	[sinjāl]
sinalizador (m)	fakkel	[fakkel]
estado-maior (m)	hoofkwartier	[hoəf·kwartir]

reconhecimento (m)	verkenningstog	[ferkɛnniŋs·toχ]
situação (f)	toestand	[tustant]
relatório (m)	verslag	[ferslaχ]
emboscada (f)	hinderlaag	[hindər·lāχ]
reforço (m)	versterking	[ferstərkiŋ]
alvo (m)	doel	[dul]
campo (m) de tiro	proefterrein	[pruf·terræjn]
manobras (f pl)	militêre oefening	[militærə ufeniŋ]
pânico (m)	paniek	[panik]
devastação (f)	verwoesting	[ferwustiŋ]
ruínas (f pl)	verwoesting	[ferwustiŋ]
destruir (vt)	verwoes	[ferwus]
sobreviver (vi)	oorleef	[oərleəf]
desarmar (vt)	ontwapen	[ontvapen]
manusear (vt)	hanteer	[hanteər]
Firmes!	Aandag!	[āndaχ!]
Descansar!	Op die plek rus!	[op di plek rus!]
façanha (f)	heldedaad	[hɛldə·dāt]
juramento (m)	eed	[eət]
jurar (vi)	sweer	[sweər]
condecoração (f)	dekorasie	[dekorasiə]
condecorar (vt)	toeken	[tuken]
medalha (f)	medalje	[medaljə]
ordem (f)	orde	[ordə]
vitória (f)	oorwinning	[oərwinniŋ]
derrota (f)	nederlaag	[nedərlāχ]
armistício (m)	wapenstilstand	[vapɛn·stilstant]
bandeira (f)	vaandel	[fāndəl]
glória (f)	roem	[rum]
desfile (m) militar	parade	[paradə]
marchar (vi)	marseer	[marseər]

114. Armas

arma (f)	wapens	[vapɛns]
arma (f) de fogo	vuurwapens	[fɪr·vapɛns]
arma (f) branca	messe	[mɛssə]
arma (f) química	chemiese wapens	[χemisə vapɛns]
nuclear	kern-	[kern-]
arma (f) nuclear	kernwapens	[kern·vapɛns]
bomba (f)	bom	[bom]
bomba (f) atómica	atoombom	[atoəm·bom]
pistola (f)	pistool	[pistoəl]
caçadeira (f)	geweer	[χeveər]

pistola-metralhadora (f)	aanvalsgeweer	[ānvals·χeveər]
metralhadora (f)	masjiengeweer	[maʃin·χeveər]
boca (f)	loop	[loəp]
cano (m)	loop	[loəp]
calibre (m)	kaliber	[kalibər]
gatilho (m)	sneller	[snɛllər]
mira (f)	visier	[fisir]
carregador (m)	magasyn	[maχasajn]
coronha (f)	kolf	[kolf]
granada (f) de mão	handgranaat	[hand·χranāt]
explosivo (m)	springstof	[spriŋstof]
bala (f)	koeël	[kuɛl]
cartucho (m)	patroon	[patroən]
carga (f)	lading	[ladiŋ]
munições (f pl)	ammunisie	[ammunisi]
bombardeiro (m)	bomwerper	[bom·werpər]
avião (m) de caça	straalvegter	[strāl·feχtər]
helicóptero (m)	helikopter	[helikoptər]
canhão (m) antiaéreo	lugafweer	[luχafweər]
tanque (m)	tenk	[tɛnk]
canhão (de um tanque)	tenkkanon	[tɛnk·kanon]
artilharia (f)	artillerie	[artilleri]
canhão (m)	kanon	[kanon]
fazer a pontaria	aanlê	[ānlɛ:]
obus (m)	projektiel	[projektil]
granada (f) de morteiro	mortierbom	[mortir·bom]
morteiro (m)	mortier	[mortir]
estilhaço (m)	skrapnel	[skrapnəl]
submarino (m)	duikboot	[dœik·boət]
torpedo (m)	torpedo	[toŕpedo]
míssil (m)	vuurpyl	[fɪr·pajl]
carregar (uma arma)	laai	[lāi]
atirar, disparar (vi)	skiet	[skit]
apontar para ...	rig op	[riχ op]
baioneta (f)	bajonet	[bajonet]
espada (f)	rapier	[rapir]
sabre (m)	sabel	[sabəl]
lança (f)	spies	[spis]
arco (m)	boog	[boəχ]
flecha (f)	pyl	[pajl]
mosquete (m)	musket	[musket]
besta (f)	kruisboog	[krœis·boəχ]

115. Povos da antiguidade

primitivo	primitief	[primitif]
pré-histórico	prehistories	[prehistoris]
antigo	antiek	[antik]
Idade (f) da Pedra	Steentydperk	[steən·tajtperk]
Idade (f) do Bronze	Bronstydperk	[brɔŋs·tajtperk]
período (m) glacial	Ystydperk	[ajs·tajtperk]
tribo (f)	stam	[stam]
canibal (m)	mensvreter	[mɛŋs·fretər]
caçador (m)	jagter	[jaχtər]
caçar (vi)	jag	[jaχ]
mamute (m)	mammoet	[mammut]
caverna (f)	grot	[χrot]
fogo (m)	vuur	[fɪr]
fogueira (f)	kampvuur	[kampfɪr]
pintura (f) rupestre	rotstekening	[rots·tekəniŋ]
ferramenta (f)	werktuig	[verktœiχ]
lança (f)	spies	[spis]
machado (m) de pedra	klipbyl	[klip·bajl]
guerrear (vt)	oorlog voer	[oərloχ fur]
domesticar (vt)	tem	[tem]
ídolo (m)	afgod	[afχot]
adorar, venerar (vt)	aanbid	[ānbit]
superstição (f)	bygeloof	[bajχəloəf]
ritual (m)	ritueel	[ritueəl]
evolução (f)	evolusie	[ɛfolusi]
desenvolvimento (m)	ontwikkeling	[ontwikkeliŋ]
desaparecimento (m)	verdwyning	[ferdwajniŋ]
adaptar-se (vr)	jou aanpas	[jæʊ ānpas]
arqueologia (f)	argeologie	[arχeoloχi]
arqueólogo (m)	argeoloog	[arχeoloəχ]
arqueológico	argeologies	[arχeoloχis]
local (m) das escavações	opgrawingsplek	[opχraviŋs·plek]
escavações (f pl)	opgrawingsplekke	[opχraviŋs·plɛkkə]
achado (m)	vonds	[fonds]
fragmento (m)	fragment	[fraχment]

116. Idade média

povo (m)	volk	[folk]
povos (m pl)	bevolking	[befolkiŋ]
tribo (f)	stam	[stam]
tribos (f pl)	stamme	[stammə]
bárbaros (m pl)	barbare	[barbarə]

gauleses (m pl)	Galliërs	[ɣalliɛrs]
godos (m pl)	Gote	[ɣote]
eslavos (m pl)	Slawe	[slavə]
víquingues (m pl)	Vikings	[vikiŋs]

| romanos (m pl) | Romeine | [romæjnə] |
| romano | Romeins | [romæjns] |

bizantinos (m pl)	Bisantyne	[bisantajnə]
Bizâncio	Bisantium	[bisantium]
bizantino	Bisantyns	[bisantajns]

imperador (m)	keiser	[kæjsər]
líder (m)	leier	[læjer]
poderoso	magtig	[maχtəχ]
rei (m)	koning	[koniŋ]
governante (m)	heerser	[heərsər]

cavaleiro (m)	ridder	[riddər]
senhor feudal (m)	feodale heerser	[feodalə heərsər]
feudal	feodaal	[feodãl]
vassalo (m)	vasal	[fasal]

duque (m)	hertog	[hertoχ]
conde (m)	graaf	[χrãf]
barão (m)	baron	[baron]
bispo (m)	biskop	[biskop]

armadura (f)	harnas	[harnas]
escudo (m)	skild	[skilt]
espada (f)	swaard	[swãrt]
viseira (f)	visier	[fisir]
cota (f) de malha	maliehemp	[mali·hemp]

| cruzada (f) | Kruistog | [krœis·toχ] |
| cruzado (m) | kruisvaarder | [krœis·fãrdər] |

território (m)	gebied	[χebit]
atacar (vt)	aanval	[ãnfal]
conquistar (vt)	verower	[ferovər]
ocupar, invadir (vt)	beset	[beset]

assédio, sítio (m)	beleg	[beleχ]
sitiado	beleërde	[belɛɛrdə]
assediar, sitiar (vt)	beleër	[belɛɛr]

inquisição (f)	inkwisisie	[inkvisisi]
inquisidor (m)	inkwisiteur	[inkvisitøer]
tortura (f)	marteling	[martəliŋ]
cruel	wreed	[vreət]
herege (m)	ketter	[kɛttər]
heresia (f)	kettery	[kɛtteraj]

navegação (f) marítima	seevaart	[seə·fãrt]
pirata (m)	piraat, seerower	[pirãt], [seə·rovər]
pirataria (f)	piratery, seerowery	[pirateraj], [seə·roveraj]

abordagem (f)	enter	[ɛntər]
saque (m), pulhagem (f)	buit	[bœit]
tesouros (m pl)	skatte	[skattə]

descobrimento (m)	ontdekking	[ontdɛkkiŋ]
descobrir (novas terras)	ontdek	[ontdek]
expedição (f)	ekspedisie	[ɛkspedisi]

mosqueteiro (m)	musketier	[musketir]
cardeal (m)	kardinaal	[kardinãl]
heráldica (f)	heraldiek	[heraldik]
heráldico	heraldies	[heraldis]

117. Líder. Chefe. Autoridades

rei (m)	koning	[koniŋ]
rainha (f)	koningin	[koniŋin]
real	koninklik	[koninklik]
reino (m)	koninkryk	[koninkrajk]

| príncipe (m) | prins | [prins] |
| princesa (f) | prinses | [prinsəs] |

presidente (m)	president	[president]
vice-presidente (m)	vise-president	[fise-president]
senador (m)	senator	[senator]

monarca (m)	monarg	[monarχ]
governante (m)	heerser	[heərsər]
ditador (m)	diktator	[diktator]
tirano (m)	tiran	[tiran]
magnata (m)	magnaat	[maχnãt]

diretor (m)	direkteur	[direktøər]
chefe (m)	baas	[bãs]
dirigente (m)	bestuurder	[bestɪrdər]
patrão (m)	baas	[bãs]
dono (m)	eienaar	[æjenãr]

líder, chefe (m)	leier	[læjer]
chefe (~ de delegação)	hoof	[hoəf]
autoridades (f pl)	outoriteite	[æʊtoritæjtə]
superiores (m pl)	hoofde	[hoəfdə]

governador (m)	goewerneur	[χuvernøər]
cônsul (m)	konsul	[kɔŋsul]
diplomata (m)	diplomaat	[diplomãt]
prefeito (m)	burgermeester	[burgər·meəstər]
xerife (m)	sheriff	[sheriff]

imperador (m)	keiser	[kæjsər]
czar (m)	tsaar	[tsãr]
faraó (m)	farao	[farao]
cã (m)	kan	[kan]

118. Viloação da lei. Criminosos. Parte 1

bandido (m)	bandiet	[bandit]
crime (m)	misdaad	[misdāt]
criminoso (m)	misdadiger	[misdadiχər]

ladrão (m)	dief	[dif]
roubar (vt)	steel	[steəl]
roubo (atividade)	steel	[steəl]
furto (m)	diefstal	[difstal]

raptar (ex. ~ uma criança)	ontvoer	[ontfur]
rapto (m)	ontvoering	[ontfuriŋ]
raptor (m)	ontvoerder	[ontfurdər]

resgate (m)	losgeld	[losχɛlt]
pedir resgate	losgeld eis	[losχɛlt æjs]

roubar (vt)	besteel	[besteəl]
assalto, roubo (m)	oorval	[oərfal]
assaltante (m)	boef	[buf]

extorquir (vt)	afpers	[afpers]
extorsionário (m)	afperser	[afpersər]
extorsão (f)	afpersing	[afpersiŋ]

matar, assassinar (vt)	vermoor	[fermoər]
homicídio (m)	moord	[moərt]
homicida, assassino (m)	moordenaar	[moərdenār]

tiro (m)	skoot	[skoət]
matar a tiro	doodskiet	[doədskit]
atirar, disparar (vi)	skiet	[skit]
tiroteio (m)	skietery	[skiteraj]

acontecimento (m)	insident	[insident]
porrada (f)	geveg	[χefeχ]
Socorro!	Help!	[hɛlp!]
vítima (f)	slagoffer	[slaχoffər]

danificar (vt)	beskadig	[beskadəχ]
dano (m)	skade	[skadə]
cadáver (m)	lyk	[lajk]
grave	ernstig	[ɛrnstəχ]

atacar (vt)	aanval	[ānfal]
bater (espancar)	slaan	[slān]
espancar (vt)	platslaan	[platslān]
tirar, roubar (dinheiro)	vat	[fat]
esfaquear (vt)	doodsteek	[doədsteək]
mutilar (vt)	vermink	[fermink]
ferir (vt)	wond	[vont]

chantagem (f)	afpersing	[afpersiŋ]
chantagear (vt)	afpers	[afpers]

chantagista (m)	afperser	[afpersər]
extorsão	beskermingswendelary	[bεskermiŋ·swendəlaraj]
(em troca de proteção)		
extorsionário (m)	afperser	[afpersər]
gângster (m)	boef	[buf]
máfia (f)	mafia	[mafia]

carteirista (m)	sakkeroller	[sakkerollər]
assaltante, ladrão (m)	inbreker	[inbrekər]
contrabando (m)	smokkel	[smokkəl]
contrabandista (m)	smokkelaar	[smokkəlãr]

falsificação (f)	vervalsing	[ferfalsiŋ]
falsificar (vt)	verval	[ferfal]
falsificado	vals	[fals]

119. Viloação da lei. Criminosos. Parte 2

violação (f)	verkragting	[ferkraχtiŋ]
violar (vt)	verkrag	[ferkraχ]
violador (m)	verkragter	[ferkraχtər]
maníaco (m)	maniak	[maniak]

prostituta (f)	prostituut	[prostitɪt]
prostituição (f)	prostitusie	[prostitusi]
chulo (m)	pooier	[pojer]

| toxicodependente (m) | dwelmslaaf | [dwεlm·slãf] |
| traficante (m) | dwelmhandelaar | [dwεlm·handəlãr] |

explodir (vt)	opblaas	[opblãs]
explosão (f)	ontploffing	[ontploffiŋ]
incendiar (vt)	aan die brand steek	[ãn di brant steək]
incendiário (m)	brandstigter	[brant·stiχtər]

terrorismo (m)	terrorisme	[terrorismə]
terrorista (m)	terroris	[terroris]
refém (m)	gyselaar	[χajsəlãr]

enganar (vt)	bedrieg	[bedrəχ]
engano (m)	bedrog	[bedroχ]
vigarista (m)	bedrieër	[bedriεr]

subornar (vt)	omkoop	[omkoəp]
suborno (atividade)	omkopery	[omkoperaj]
suborno (dinheiro)	omkoopgeld	[omkoəp·χεlt]

veneno (m)	gif	[χif]
envenenar (vt)	vergiftig	[ferχiftəχ]
envenenar-se (vr)	jouself vergiftig	[jæusεlf ferχiftəχ]

suicídio (m)	selfmoord	[sεlfmoərt]
suicida (m)	selfmoordenaar	[sεlfmoərdenãr]
ameaçar (vt)	dreig	[dræjχ]

ameaça (f)	dreigement	[dræjχement]
atentado (m)	aanslag	[ãŋslaχ]
roubar (o carro)	steel	[steəl]
desviar (o avião)	kaap	[kãp]
vingança (f)	wraak	[vrãk]
vingar (vt)	wreek	[vreək]
torturar (vt)	martel	[martəl]
tortura (f)	marteling	[martəliŋ]
atormentar (vt)	folter	[foltər]
pirata (m)	piraat, seerower	[pirãt], [seə·rovər]
desordeiro (m)	skollie	[skolli]
armado	gewapen	[χevapen]
violência (f)	geweld	[χevɛlt]
ilegal	onwettig	[onwɛttəχ]
espionagem (f)	spioenasie	[spiunasi]
espionar (vi)	spioeneer	[spiuneər]

120. Polícia. Lei. Parte 1

justiça (f)	justisie	[jəstisi]
tribunal (m)	geregshof	[χereχshof]
juiz (m)	regter	[reχtər]
jurados (m pl)	jurielede	[juriledə]
tribunal (m) do júri	jurieregspraak	[juri·reχsprãk]
julgar (vt)	bereg	[bereχ]
advogado (m)	advokaat	[adfokãt]
réu (m)	beklaagde	[beklãχdə]
banco (m) dos réus	beklaagdebank	[beklãχdə·bank]
acusação (f)	aanklag	[ãnklaχ]
acusado (m)	beskuldigde	[beskuldiχdə]
sentença (f)	vonnis	[fonnis]
sentenciar (vt)	veroordeel	[feroərdeəl]
culpado (m)	skuldig	[skuldəχ]
punir (vt)	straf	[straf]
punição (f)	straf	[straf]
multa (f)	boete	[butə]
prisão (f) perpétua	lewenslange gevangenisstraf	[levɛnslaŋə χefaŋənis·straf]
pena (f) de morte	doodstraf	[doədstraf]
cadeira (f) elétrica	elektriese stoel	[ɛlektrisə stul]
forca (f)	galg	[χalχ]
executar (vt)	eksekuteer	[ɛksekuteər]
execução (f)	eksekusie	[ɛksekusi]

prisão (f)	tronk	[tronk]
cela (f) de prisão	sel	[səl]
escolta (f)	eskort	[ɛskort]
guarda (m) prisional	tronkbewaarder	[tronk·bevārdər]
preso (m)	gevangene	[xefaŋənə]
algemas (f pl)	handboeie	[hant·buje]
algemar (vt)	in die boeie slaan	[in di buje slān]
fuga, evasão (f)	ontsnapping	[ontsnappiŋ]
fugir (vi)	ontsnap	[ontsnap]
desaparecer (vi)	verdwyn	[ferdwajn]
soltar, libertar (vt)	vrylaat	[frajlāt]
amnistia (f)	amnestie	[amnesti]
polícia (instituição)	polisie	[polisi]
polícia (m)	polisieman	[polisi·man]
esquadra (f) de polícia	polisiestasie	[polisi·stasi]
cassetete (m)	knuppel	[knuppəl]
megafone (m)	megafoon	[meχafoən]
carro (m) de patrulha	patrolliemotor	[patrolli·motor]
sirene (f)	sirene	[sirenə]
ligar a sirene	die sirene aanskakel	[di sirenə āŋskakəl]
toque (m) da sirene	sirenegeloei	[sirenə·χelui]
cena (f) do crime	misdaadtoneel	[misdād·toneəl]
testemunha (f)	getuie	[χetœiə]
liberdade (f)	vryheid	[frajhæjt]
cúmplice (m)	medepligtige	[medə·pliχtiχə]
escapar (vi)	ontvlug	[ontfluχ]
traço (não deixar ~s)	spoor	[spoər]

121. Polícia. Lei. Parte 2

procura (f)	soektog	[suktoχ]
procurar (vt)	soek ...	[suk ...]
suspeita (f)	verdenking	[ferdɛnkiŋ]
suspeito	verdag	[ferdaχ]
parar (vt)	teëhou	[teɛhæʊ]
deter (vt)	aanhou	[ānhæʊ]
caso (criminal)	hofsaak	[hofsāk]
investigação (f)	ondersoek	[ondərsuk]
detetive (m)	speurder	[spøərdər]
investigador (m)	speurder	[spøərdər]
versão (f)	hipotese	[hipotesə]
motivo (m)	motief	[motif]
interrogatório (m)	ondervraging	[ondərfraχiŋ]
interrogar (vt)	ondervra	[ondərfra]
questionar (vt)	verhoor	[ferhoər]
verificação (f)	kontroleer	[kontroleər]

rusga (f)	klopjag	[klopjaχ]
busca (f)	huissoeking	[hœis·sukiŋ]
perseguição (f)	agtervolging	[aχtərfolχiŋ]
perseguir (vt)	agtervolg	[aχtərfolχ]
seguir (vt)	opspoor	[opspoər]
prisão (f)	inhegtenisneming	[inheχtenis·nemiŋ]
prender (vt)	arresteer	[arresteər]
pegar, capturar (vt)	vang	[faŋ]
captura (f)	opsporing	[opsporiŋ]
documento (m)	dokument	[dokument]
prova (f)	bewys	[bevajs]
provar (vt)	bewys	[bevajs]
pegada (f)	voetspoor	[futspoər]
impressões (f pl) digitais	vingerafdrukke	[fiŋər·afdrukkə]
prova (f)	bewysstuk	[bevajs·stuk]
álibi (m)	alibi	[alibi]
inocente	onskuldig	[ɔŋskuldəχ]
injustiça (f)	onreg	[onreχ]
injusto	onregverdig	[onreχferdəχ]
criminal	krimineel	[krimineəl]
confiscar (vt)	in beslag neem	[in beslaχ neəm]
droga (f)	dwelm	[dwɛlm]
arma (f)	wapen	[vapen]
desarmar (vt)	ontwapen	[ontvapen]
ordenar (vt)	beveel	[befeəl]
desaparecer (vi)	verdwyn	[ferdwajn]
lei (f)	wet	[vet]
legal	wettig	[vɛttəχ]
ilegal	onwettig	[onwɛttəχ]
responsabilidade (f)	verantwoordelikheid	[ferant·voərdelikhæjt]
responsável	verantwoordelik	[ferant·voərdelik]

NATUREZA

A Terra. Parte 1

122. Espaço sideral

Português	Afrikaans	Pronúncia
cosmos (m)	kosmos	[kosmos]
cósmico	kosmies	[kosmis]
espaço (m) cósmico	buitenste ruimte	[bœitɛŋstə rajmtə]
mundo (m)	wêreld	[værɛlt]
universo (m)	heelal	[heəlal]
galáxia (f)	sterrestelsel	[sterrə·stɛlsəl]
estrela (f)	ster	[ster]
constelação (f)	sterrebeeld	[sterrə·beəlt]
planeta (m)	planeet	[planeət]
satélite (m)	satelliet	[satɛllit]
meteorito (m)	meteoriet	[meteorit]
cometa (m)	komeet	[komeət]
asteroide (m)	asteroïed	[asteroïət]
órbita (f)	baan	[bān]
girar (vi)	draai	[drāi]
atmosfera (f)	atmosfeer	[atmosfeər]
Sol (m)	die Son	[di son]
Sistema (m) Solar	sonnestelsel	[sonnə·stɛlsəl]
eclipse (m) solar	sonsverduistering	[sɔŋs·ferdœisteriŋ]
Terra (f)	die Aarde	[di ārdə]
Lua (f)	die Maan	[di mān]
Marte (m)	Mars	[mars]
Vénus (m)	Venus	[fenus]
Júpiter (m)	Jupiter	[jupitər]
Saturno (m)	Saturnus	[saturnus]
Mercúrio (m)	Mercurius	[merkurius]
Urano (m)	Uranus	[uranus]
Neptuno (m)	Neptunus	[neptunus]
Plutão (m)	Pluto	[pluto]
Via Láctea (f)	Melkweg	[melk·weχ]
Ursa Maior (f)	Groot Beer	[χroət beər]
Estrela Polar (f)	Poolster	[poəl·stər]
marciano (m)	marsbewoner	[mars·bevonər]
extraterrestre (m)	buiteaardse wese	[bœitə·ārdsə vesə]

alienígena (m)	ruimtewese	[rœimtə·vesə]
disco (m) voador	vlieënde skottel	[fliɛndə skottəl]
nave (f) espacial	ruimteskip	[rœimtə·skip]
estação (f) orbital	ruimtestasie	[rœimtə·stasi]
lançamento (m)	vertrek	[fertrek]
motor (m)	enjin	[ɛnʤin]
bocal (m)	uitlaatpyp	[œitlāt·pajp]
combustível (m)	brandstof	[brantstof]
cabine (f)	stuurkajuit	[stɪr·kajœit]
antena (f)	lugdraad	[luχdrāt]
vigia (f)	patryspoort	[patrajs·poert]
bateria (f) solar	sonpaneel	[son·paneel]
traje (m) espacial	ruimtepak	[rœimtə·pak]
imponderabilidade (f)	gewigloosheid	[χeviχloəshæjt]
oxigénio (m)	suurstof	[sɪrstof]
acoplagem (f)	koppeling	[koppeliŋ]
fazer uma acoplagem	koppel	[koppəl]
observatório (m)	observatorium	[observatorium]
telescópio (m)	teleskoop	[teleskoəp]
observar (vt)	waarneem	[vārneəm]
explorar (vt)	eksploreer	[ɛksploreər]

123. A Terra

Terra (f)	die Aarde	[di ārdə]
globo terrestre (Terra)	die aardbol	[di ārdbol]
planeta (m)	planeet	[planeət]
atmosfera (f)	atmosfeer	[atmosfeər]
geografia (f)	geografie	[χeoχrafi]
natureza (f)	natuur	[natɪr]
globo (mapa esférico)	aardbol	[ārd·bol]
mapa (m)	kaart	[kārt]
atlas (m)	atlas	[atlas]
Europa (f)	Europa	[øəropa]
Ásia (f)	Asië	[asiɛ]
África (f)	Afrika	[afrika]
Austrália (f)	Australië	[oustraliɛ]
América (f)	Amerika	[amerika]
América (f) do Norte	Noord-Amerika	[noərd-amerika]
América (f) do Sul	Suid-Amerika	[sœid-amerika]
Antártida (f)	Suidpool	[sœid·poəl]
Ártico (m)	Noordpool	[noərd·poəl]

124. Pontos cardeais

norte (m)	noorde	[noərdə]
para norte	na die noorde	[na di noərdə]
no norte	in die noorde	[in di noərdə]
do norte	noordelik	[noərdəlik]
sul (m)	suide	[sœidə]
para sul	na die suide	[na di sœidə]
no sul	in die suide	[in di sœidə]
do sul	suidelik	[sœidəlik]
oeste, ocidente (m)	weste	[vestə]
para oeste	na die weste	[na di vestə]
no oeste	in die weste	[in di vestə]
ocidental	westelik	[vestelik]
leste, oriente (m)	ooste	[oəstə]
para leste	na die ooste	[na di oəstə]
no leste	in die ooste	[in di oəstə]
oriental	oostelik	[oəstəlik]

125. Mar. Oceano

mar (m)	see	[seə]
oceano (m)	oseaan	[oseān]
golfo (m)	golf	[χolf]
estreito (m)	straat	[strāt]
terra (f) firme	land	[lant]
continente (m)	kontinent	[kontinent]
ilha (f)	eiland	[æjlant]
península (f)	skiereiland	[skir·æjlant]
arquipélago (m)	argipel	[arχipəl]
baía (f)	baai	[bāi]
porto (m)	hawe	[havə]
lagoa (f)	strandmeer	[strand·meər]
cabo (m)	kaap	[kāp]
atol (m)	atol	[atol]
recife (m)	rif	[rif]
coral (m)	koraal	[korāl]
recife (m) de coral	koraalrif	[korāl·rif]
profundo	diep	[dip]
profundidade (f)	diepte	[diptə]
abismo (m)	afgrond	[afχront]
fossa (f) oceânica	trog	[troχ]
corrente (f)	stroming	[stromiŋ]
banhar (vt)	omring	[omriŋ]

litoral (m)	oewer	[uvər]
costa (f)	kus	[kus]
maré (f) alta	hoogwater	[hoəχ·vatər]
maré (f) baixa	laagwater	[lāχ·vatər]
restinga (f)	sandbank	[sand·bank]
fundo (m)	bodem	[bodem]
onda (f)	golf	[χolf]
crista (f) da onda	kruin	[krœin]
espuma (f)	skuim	[skœim]
tempestade (f)	storm	[storm]
furacão (m)	orkaan	[orkān]
tsunami (m)	tsunami	[tsunami]
calmaria (f)	windstilte	[vindstiltə]
calmo	kalm	[kalm]
polo (m)	pool	[poəl]
polar	polêr	[polær]
latitude (f)	breedtegraad	[breədtə·χrāt]
longitude (f)	lengtegraad	[leŋtə·χrāt]
paralela (f)	parallel	[paralləl]
equador (m)	ewenaar	[ɛvenār]
céu (m)	hemel	[heməl]
horizonte (m)	horison	[horison]
ar (m)	lug	[luχ]
farol (m)	vuurtoring	[fɪrtoriŋ]
mergulhar (vi)	duik	[dœik]
afundar-se (vr)	sink	[sink]
tesouros (m pl)	skatte	[skattə]

126. Nomes de Mares e Oceanos

Oceano (m) Atlântico	Atlantiese oseaan	[atlantisə oseān]
Oceano (m) Índico	Indiese Oseaan	[indisə oseān]
Oceano (m) Pacífico	Stille Oseaan	[stillə oseān]
Oceano (m) Ártico	Noordelike Yssee	[noərdelikə ajs·seə]
Mar (m) Negro	Swart See	[swart seə]
Mar (m) Vermelho	Rooi See	[roj seə]
Mar (m) Amarelo	Geel See	[χeəl seə]
Mar (m) Branco	Witsee	[vit·seə]
Mar (m) Cáspio	Kaspiese See	[kaspisə seə]
Mar (m) Morto	Dooie See	[dojə seə]
Mar (m) Mediterrâneo	Middellandse See	[middəllandsə seə]
Mar (m) Egeu	Egeïese See	[ɛχejesə seə]
Mar (m) Adriático	Adriatiese See	[adriatisə seə]
Mar (m) Arábico	Arabiese See	[arabisə seə]

Mar (m) do Japão	Japanse See	[japaŋsə seə]
Mar (m) de Bering	Beringsee	[beriŋ·seə]
Mar (m) da China Meridional	Suid-Sjinese See	[sœid-ʃinesə seə]

Mar (m) de Coral	Koraalsee	[korāl·seə]
Mar (m) de Tasman	Tasmansee	[tasmaŋ·seə]
Mar (m) do Caribe	Karibiese See	[karibisə seə]

| Mar (m) de Barents | Barentssee | [barents·seə] |
| Mar (m) de Kara | Karasee | [kara·seə] |

Mar (m) do Norte	Noordsee	[noərd·seə]
Mar (m) Báltico	Baltiese See	[baltisə seə]
Mar (m) da Noruega	Noorse See	[noərsə seə]

127. Montanhas

montanha (f)	berg	[berχ]
cordilheira (f)	bergreeks	[berχ·reəks]
serra (f)	bergrug	[berχ·ruχ]

cume (m)	top	[top]
pico (m)	piek	[pik]
sopé (m)	voet	[fut]
declive (m)	helling	[hɛlliŋ]

vulcão (m)	vulkaan	[fulkān]
vulcão (m) ativo	aktiewe vulkaan	[aktivə fulkān]
vulcão (m) extinto	rustende vulkaan	[rustendə fulkān]

erupção (f)	uitbarsting	[œitbarstiŋ]
cratera (f)	krater	[kratər]
magma (m)	magma	[maχma]
lava (f)	lawa	[lava]
fundido (lava ~a)	gloeiende	[χlujendə]

desfiladeiro (m)	diepkloof	[dip·kloəf]
garganta (f)	kloof	[kloəf]
fenda (f)	skeur	[skøər]
precipício (m)	afgrond	[afχront]

passo, colo (m)	bergpas	[berχ·pas]
planalto (m)	plato	[plato]
falésia (f)	krans	[kraŋs]
colina (f)	kop	[kop]

glaciar (m)	gletser	[χletsər]
queda (f) d'água	waterval	[vatər·fal]
géiser (m)	geiser	[χæjsər]
lago (m)	meer	[meər]

planície (f)	vlakte	[flaktə]
paisagem (f)	landskap	[landskap]
eco (m)	eggo	[ɛχχo]

alpinista (m)	alpinis	[alpinis]
escalador (m)	bergklimmer	[berχ·klimmər]
conquistar (vt)	baasraak	[bāsrāk]
subida, escalada (f)	beklimming	[beklimmiŋ]

128. Nomes de montanhas

Alpes (m pl)	die Alpe	[di alpə]
monte Branco (m)	Mont Blanc	[mon blan]
Pirineus (m pl)	die Pireneë	[di pirenɛë]
Cárpatos (m pl)	die Karpate	[di karpatə]
montes (m pl) Urais	die Oeralgebergte	[di ural·χəberχtə]
Cáucaso (m)	die Koukasus Gebergte	[di kæʊkasus χəberχtə]
Elbrus (m)	Elbroes	[ɛlbrus]
Altai (m)	die Altai-gebergte	[di altaj-χəberχtə]
Tian Shan (m)	die Tian Shan	[di tian ʃan]
Pamir (m)	die Pamir	[di pamir]
Himalaias (m pl)	die Himalajas	[di himalajas]
monte (m) Everest	Everest	[ɛverest]
Cordilheira (f) dos Andes	die Andes	[di andes]
Kilimanjaro (m)	Kilimanjaro	[kilimandʒaro]

129. Rios

rio (m)	rivier	[rifir]
fonte, nascente (f)	bron	[bron]
leito (m) do rio	rivierbed	[rifir·bet]
bacia (f)	stroomgebied	[stroəm·χebit]
desaguar no ...	uitmond in ...	[œitmont in ...]
afluente (m)	syrivier	[saj·rifir]
margem (do rio)	oewer	[uvər]
corrente (f)	stroming	[strominŋ]
rio abaixo	stroomafwaarts	[stroəm·afvārts]
rio acima	stroomopwaarts	[stroəm·opvārts]
inundação (f)	oorstroming	[oərstrominŋ]
cheia (f)	oorstroming	[oərstrominŋ]
transbordar (vi)	oor sy walle loop	[oər saj vallə loəp]
inundar (vt)	oorstroom	[oərstroəm]
baixio (m)	sandbank	[sand·bank]
rápidos (m pl)	stroomversnellings	[stroəm·fersnɛlliŋs]
barragem (f)	damwal	[dam·wal]
canal (m)	kanaal	[kanāl]
reservatório (m) de água	opgaardam	[opχār·dam]
eclusa (f)	sluis	[slœis]

corpo (m) de água	dam	[dam]
pântano (m)	moeras	[muras]
tremedal (m)	vlei	[flæj]
remoinho (m)	draaikolk	[drāj·kolk]

arroio, regato (m)	spruit	[sprœit]
potável	drink-	[drink-]
doce (água)	vars	[fars]

| gelo (m) | ys | [ajs] |
| congelar-se (vr) | bevries | [befris] |

130. Nomes de rios

| rio Sena (m) | Seine | [sæjn] |
| rio Loire (m) | Loire | [lua:r] |

rio Tamisa (m)	Teems	[tems]
rio Reno (m)	Ryn	[rajn]
rio Danúbio (m)	Donau	[donɔu]

rio Volga (m)	Wolga	[volga]
rio Don (m)	Don	[don]
rio Lena (m)	Lena	[lena]

rio Amarelo (m)	Geel Rivier	[χeəl rifir]
rio Yangtzé (m)	Blou Rivier	[blæʊ rifir]
rio Mekong (m)	Mekong	[mekoŋ]
rio Ganges (m)	Ganges	[χaŋəs]

rio Nilo (m)	Nyl	[najl]
rio Congo (m)	Kongorivier	[kongo·rifir]
rio Cubango (m)	Okavango	[okavango]
rio Zambeze (m)	Zambezi	[sambesi]
rio Limpopo (m)	Limpopo	[limpopo]
rio Mississípi (m)	Mississippi	[mississippi]

131. Floresta

| floresta (f), bosque (m) | bos | [bos] |
| florestal | bos- | [bos-] |

mata (f) cerrada	woud	[væʊt]
arvoredo (m)	boord	[boərt]
clareira (f)	oopte	[oəptə]

| matagal (f) | struikgewas | [strœik·χevas] |
| mato (m) | struikveld | [strœik·fɛlt] |

vereda (f)	paadjie	[pādʒi]
ravina (f)	donga	[donχa]
árvore (f)	boom	[boəm]

| folha (f) | blaar | [blār] |
| folhagem (f) | blare | [blarə] |

queda (f) das folha	val van die blare	[fal fan di blarə]
cair (vi)	val	[fal]
topo (m)	boomtop	[boəm·top]

ramo (m)	tak	[tak]
galho (m)	tak	[tak]
botão, rebento (m)	knop	[knop]
agulha (f)	naald	[nālt]
pinha (f)	dennebol	[dɛnnə·bol]

buraco (m) de árvore	holte	[holtə]
ninho (m)	nes	[nes]
toca (f)	gat	[χat]

tronco (m)	stam	[stam]
raiz (f)	wortel	[vortəl]
casca (f) de árvore	bas	[bas]
musgo (m)	mos	[mos]

arrancar pela raiz	ontwortel	[ontwortəl]
cortar (vt)	omkap	[omkap]
desflorestar (vt)	ontbos	[ontbos]
toco, cepo (m)	boomstomp	[boəm·stomp]

fogueira (f)	kampvuur	[kampfɪr]
incêndio (m) florestal	bosbrand	[bos·brant]
apagar (vt)	blus	[blus]

guarda-florestal (m)	boswagter	[bos·waχtər]
proteção (f)	beskerming	[beskermiŋ]
proteger (a natureza)	beskerm	[beskerm]
caçador (m) furtivo	wildstroper	[vilt·stropər]
armadilha (f)	slagyster	[slaχ·ajstər]

| colher (cogumelos, bagas) | pluk | [pluk] |
| perder-se (vr) | verdwaal | [fərdwāl] |

132. Recursos naturais

recursos (m pl) naturais	natuurlike bronne	[natɪrlikə bronnə]
minerais (m pl)	minerale	[minerálə]
depósitos (m pl)	lae	[laə]
jazida (f)	veld	[fɛlt]

extrair (vt)	myn	[majn]
extração (f)	myn	[majn]
minério (m)	erts	[ɛrts]
mina (f)	myn	[majn]
poço (m) de mina	mynskag	[majn·skaχ]
mineiro (m)	mynwerker	[majn·werkər]
gás (m)	gas	[χas]

gasoduto (m)	gaspyp	[ҳas·pajp]
petróleo (m)	olie	[oli]
oleoduto (m)	olipypleiding	[oli·pajp·læjdiŋ]
poço (m) de petróleo	oliebron	[oli·bron]
torre (f) petrolífera	boortoring	[boər·toriŋ]
petroleiro (m)	tenkskip	[tɛnk·skip]
areia (f)	sand	[sant]
calcário (m)	kalksteen	[kalksteən]
cascalho (m)	gruis	[ҳrœis]
turfa (f)	veengrond	[feənҳront]
argila (f)	klei	[klæj]
carvão (m)	steenkool	[steən·koəl]
ferro (m)	yster	[ajstər]
ouro (m)	goud	[ҳæʊt]
prata (f)	silwer	[silwər]
níquel (m)	nikkel	[nikkəl]
cobre (m)	koper	[kopər]
zinco (m)	sink	[sink]
manganês (m)	mangaan	[manҳān]
mercúrio (m)	kwik	[kwik]
chumbo (m)	lood	[loət]
mineral (m)	mineraal	[minerāl]
cristal (m)	kristal	[kristal]
mármore (m)	marmer	[marmər]
urânio (m)	uraan	[urān]

A Terra. Parte 2

133. Tempo

Português	Afrikaans	IPA
tempo (m)	weer	[veər]
previsão (f) do tempo	weersvoorspelling	[veərs·foərspɛllin]
temperatura (f)	temperatuur	[temperatɪr]
termómetro (m)	termometer	[termometər]
barómetro (m)	barometer	[barometər]
húmido	klam	[klam]
humidade (f)	vogtigheid	[foχtiχæjt]
calor (m)	hitte	[hittə]
cálido	heet	[heət]
está muito calor	dis vrekwarm	[dis frekvarm]
está calor	dit is warm	[dit is varm]
quente	louwarm	[læʊvarm]
está frio	dis koud	[dis kæʊt]
frio	koud	[kæʊt]
sol (m)	son	[son]
brilhar (vi)	skyn	[skajn]
de sol, ensolarado	sonnig	[sonnəχ]
nascer (vi)	opkom	[opkom]
pôr-se (vr)	ondergaan	[ondərχān]
nuvem (f)	wolk	[volk]
nublado	bewolk	[bevolk]
nuvem (f) preta	reënwolk	[reɛn·wolk]
escuro, cinzento	somber	[sombər]
chuva (f)	reën	[reɛn]
está a chover	dit reën	[dit reɛn]
chuvoso	reënerig	[reɛnerəχ]
chuviscar (vi)	motreën	[motreɛn]
chuva (f) torrencial	stortbui	[stortbœi]
chuvada (f)	reënvlaag	[reɛn·flāχ]
forte (chuva)	swaar	[swār]
poça (f)	poeletjie	[puləki]
molhar-se (vr)	nat word	[nat vort]
nevoeiro (m)	mis	[mis]
de nevoeiro	mistig	[mistəχ]
neve (f)	sneeu	[sniʊ]
está a nevar	dit sneeu	[dit sniʊ]

134. Tempo extremo. Catástrofes naturais

trovoada (f)	donderstorm	[dondər·storm]
relâmpago (m)	weerlig	[veərləχ]
relampejar (vi)	flits	[flits]
trovão (m)	donder	[dondər]
trovejar (vi)	donder	[dondər]
está a trovejar	dit donder	[dit dondər]
granizo (m)	hael	[haəl]
está a cair granizo	dit hael	[dit haəl]
inundar (vt)	oorstroom	[oərstroəm]
inundação (f)	oorstroming	[oərstromiŋ]
terremoto (m)	aardbewing	[ārd·beviŋ]
abalo, tremor (m)	aardskok	[ārd·skok]
epicentro (m)	episentrum	[ɛpisentrum]
erupção (f)	uitbarsting	[œitbarstiŋ]
lava (f)	lawa	[lava]
turbilhão, tornado (m)	tornado	[tornado]
tufão (m)	tifoon	[tifoən]
furacão (m)	orkaan	[orkān]
tempestade (f)	storm	[storm]
tsunami (m)	tsunami	[tsunami]
ciclone (m)	sikloon	[sikloən]
mau tempo (m)	slegte weer	[sleχtə veər]
incêndio (m)	brand	[brant]
catástrofe (f)	ramp	[ramp]
meteorito (m)	meteoriet	[meteorit]
avalanche (f)	lawine	[lavinə]
deslizamento (f) de neve	sneeulawine	[sniu·lavinə]
nevasca (f)	sneeustorm	[sniu·storm]
tempestade (f) de neve	sneeustorm	[sniu·storm]

Fauna

135. Mamíferos. Predadores

predador (m)	roofdier	[roəf·dir]
tigre (m)	tier	[tir]
leão (m)	leeu	[liʊ]
lobo (m)	wolf	[volf]
raposa (f)	vos	[fos]
jaguar (m)	jaguar	[jaχuar]
leopardo (m)	luiperd	[lœipert]
chita (f)	jagluiperd	[jaχ·lœipert]
pantera (f)	swart luiperd	[swart lœipert]
puma (m)	poema	[puma]
leopardo-das-neves (m)	sneeuluiperd	[sniʊ·lœipert]
lince (m)	los	[los]
coiote (m)	prêriewolf	[præri·volf]
chacal (m)	jakkals	[jakkals]
hiena (f)	hiëna	[hiɛna]

136. Animais selvagens

animal (m)	dier	[dir]
besta (f)	beest	[beəst]
esquilo (m)	eekhoring	[eəkhoriŋ]
ouriço (m)	krimpvarkie	[krimpfarki]
lebre (f)	hasie	[hasi]
coelho (m)	konyn	[konajn]
texugo (m)	das	[das]
guaxinim (m)	wasbeer	[vasbeər]
hamster (m)	hamster	[hamstər]
marmota (f)	marmot	[marmot]
toupeira (f)	mol	[mol]
rato (m)	muis	[mœis]
ratazana (f)	rot	[rot]
morcego (m)	vlermuis	[fler·mœis]
arminho (m)	hermelyn	[hermələjn]
zibelina (f)	sabel, sabeldier	[sabəl], [sabəl·dir]
marta (f)	marter	[martər]
doninha (f)	wesel	[vesəl]
vison (m)	nerts	[nerts]

castor (m)	bewer	[bevər]
lontra (f)	otter	[ottər]
cavalo (m)	perd	[pert]
alce (m) americano	eland	[ɛlant]
veado (m)	hert	[hert]
camelo (m)	kameel	[kameəl]
bisão (m)	bison	[bison]
auroque (m)	wisent	[visent]
búfalo (m)	buffel	[buffəl]
zebra (f)	sebra, kwagga	[sebra], [kwaχχa]
antílope (m)	wildsbok	[vilds·bok]
corça (f)	reebok	[reebok]
gamo (m)	damhert	[damhert]
camurça (f)	gems	[χems]
javali (m)	wildevark	[vildə·fark]
baleia (f)	walvis	[valfis]
foca (f)	seehond	[seə·hont]
morsa (f)	walrus	[valrus]
urso-marinho (m)	seebeer	[seə·beər]
golfinho (m)	dolfyn	[dolfajn]
urso (m)	beer	[beər]
urso (m) branco	ysbeer	[ajs·beər]
panda (m)	panda	[panda]
macaco (em geral)	aap	[ãp]
chimpanzé (m)	sjimpansee	[ʃimpaŋseə]
orangotango (m)	orangoetang	[oranχutaŋ]
gorila (m)	gorilla	[χorilla]
macaco (m)	makaak	[makãk]
gibão (m)	gibbon	[χibbon]
elefante (m)	olifant	[olifant]
rinoceronte (m)	renoster	[renostər]
girafa (f)	kameelperd	[kameəl·pert]
hipopótamo (m)	seekoei	[seə·kui]
canguru (m)	kangaroe	[kanχaru]
coala (m)	koala	[koala]
mangusto (m)	muishond	[mœis·hont]
chinchila (f)	chinchilla, tjintjilla	[tʃin·tʃila]
doninha-fedorenta (f)	stinkmuishond	[stinkmœis·hont]
porco-espinho (m)	ystervark	[ajstər·fark]

137. Animais domésticos

gata (f)	kat	[kat]
gato (m) macho	kater	[katər]
cão (m)	hond	[hont]

cavalo (m)	perd	[pert]
garanhão (m)	hings	[hiŋs]
égua (f)	merrie	[merri]
vaca (f)	koei	[kui]
touro (m)	bul	[bul]
boi (m)	os	[os]
ovelha (f)	skaap	[skāp]
carneiro (m)	ram	[ram]
cabra (f)	bok	[bok]
bode (m)	bokram	[bok·ram]
burro (m)	donkie, esel	[donki], [eisəl]
mula (f)	muil	[mœil]
porco (m)	vark	[fark]
porquinho (m)	varkie	[farki]
coelho (m)	konyn	[konajn]
galinha (f)	hoender, hen	[hundər], [hen]
galo (m)	haan	[hān]
pato (m), pata (f)	eend	[eent]
pato (macho)	mannetjieseend	[mannəkis·eent]
ganso (m)	gans	[χaŋs]
peru (m)	kalkoenmannetjie	[kalkun·mannəki]
perua (f)	kalkoen	[kalkun]
animais (m pl) domésticos	huisdiere	[hœis·dirə]
domesticado	mak	[mak]
domesticar (vt)	mak maak	[mak māk]
criar (vt)	teel	[teəl]
quinta (f)	plaas	[plās]
aves (f pl) domésticas	pluimvee	[plœimfeə]
gado (m)	beeste	[beəstə]
rebanho (m), manada (f)	kudde	[kuddə]
estábulo (m)	stal	[stal]
pocilga (f)	varkstal	[fark·stal]
estábulo (m)	koeistal	[kui·stal]
coelheira (f)	konynehok	[konajnə·hok]
galinheiro (m)	hoenderhok	[hundər·hok]

138. Pássaros

pássaro, ave (m)	voël	[foɛl]
pombo (m)	duif	[dœif]
pardal (m)	mossie	[mossi]
chapim-real (m)	mees	[meəs]
pega-rabuda (f)	ekster	[ɛkstər]
corvo (m)	raaf	[rāf]

gralha (f) cinzenta	kraai	[krāi]
gralha-de-nuca-cinzenta (f)	kerkkraai	[kerk·krāi]
gralha-calva (f)	roek	[ruk]
pato (m)	eend	[eent]
ganso (m)	gans	[χaŋs]
faisão (m)	fisant	[fisant]
águia (f)	arend	[arɛnt]
açor (m)	sperwer	[sperwər]
falcão (m)	valk	[falk]
abutre (m)	aasvoël	[āsfoɛl]
condor (m)	kondor	[kondor]
cisne (m)	swaan	[swãn]
grou (m)	kraanvoël	[krān·foɛl]
cegonha (f)	ooievaar	[ojefãr]
papagaio (m)	papegaai	[papəχāi]
beija-flor (m)	kolibrie	[kolibri]
pavão (m)	pou	[pæʊ]
avestruz (f)	volstruis	[folstrœis]
garça (f)	reier	[ræjer]
flamingo (m)	flamink	[flamink]
pelicano (m)	pelikaan	[pelikān]
rouxinol (m)	nagtegaal	[naχteχāl]
andorinha (f)	swael	[swaəl]
tordo-zornal (m)	lyster	[lajstər]
tordo-músico (m)	sanglyster	[saŋlajstər]
melro-preto (m)	merel	[merəl]
andorinhão (m)	windswael	[vindswaəl]
cotovia (f)	lewerik	[leverik]
codorna (f)	kwartel	[kwartəl]
pica-pau (m)	speg	[speχ]
cuco (m)	koekoek	[kukuk]
coruja (f)	uil	[œil]
corujão, bufo (m)	ooruil	[oərœil]
tetraz-grande (m)	auerhoen	[ɔuer·hun]
tetraz-lira (m)	korhoen	[korhun]
perdiz-cinzenta (f)	patrys	[patrajs]
estorninho (m)	spreeu	[spriʊ]
canário (m)	kanarie	[kanari]
galinha-do-mato (f)	bonasa hoen	[bonasa hun]
tentilhão (m)	gryskoppie	[χrajskoppi]
dom-fafe (m)	bloedvink	[bludfink]
gaivota (f)	seemeeu	[seəmiʊ]
albatroz (m)	albatros	[albatros]
pinguim (m)	pikkewyn	[pikkəvajn]

139. Peixes. Animais marinhos

brema (f)	brasem	[brasem]
carpa (f)	karp	[karp]
perca (f)	baars	[bãrs]
siluro (m)	katvis, seebaber	[katfis], [seə·babər]
lúcio (m)	snoek	[snuk]
salmão (m)	salm	[salm]
esturjão (m)	steur	[støər]
arenque (m)	haring	[hariŋ]
salmão (m)	atlantiese salm	[atlantisə salm]
cavala, sarda (f)	makriel	[makril]
solha (f)	platvis	[platfis]
lúcio perca (m)	varswatersnoek	[farswatər·snuk]
bacalhau (m)	kabeljou	[kabeljæʋ]
atum (m)	tuna	[tuna]
truta (f)	forel	[forəl]
enguia (f)	paling	[paliŋ]
raia elétrica (f)	drilvis	[drilfis]
moreia (f)	bontpaling	[bontpaliŋ]
piranha (f)	piranha	[piranha]
tubarão (m)	haai	[hãi]
golfinho (m)	dolfyn	[dolfajn]
baleia (f)	walvis	[valfis]
caranguejo (m)	krap	[krap]
medusa, alforreca (f)	jellievis	[jelli·fis]
polvo (m)	seekat	[seə·kat]
estrela-do-mar (f)	seester	[seə·stər]
ouriço-do-mar (m)	see-egel, seekastaiing	[seə-eχel], [seə·kastajiŋ]
cavalo-marinho (m)	seeperdjie	[seə·perdʒi]
ostra (f)	oester	[ustər]
camarão (m)	garnaal	[χarnãl]
lavagante (m)	kreef	[kreəf]
lagosta (f)	seekreef	[seə·kreəf]

140. Amfíbios. Répteis

serpente, cobra (f)	slang	[slaŋ]
venenoso	giftig	[χiftəχ]
víbora (f)	adder	[addər]
cobra-capelo, naja (f)	kobra	[kobra]
pitão (m)	luislang	[lœislaŋ]
jiboia (f)	boa, konstriktorslang	[boa], [kɔŋstriktor·slaŋ]
cobra-de-água (f)	ringslang	[riŋ·slaŋ]

| cascavel (f) | ratelslang | [ratəl·slaŋ] |
| anaconda (f) | anakonda | [anakonda] |

lagarto (m)	akkedis	[akkedis]
iguana (f)	leguaan	[leχuān]
varano (m)	likkewaan	[likkevān]
salamandra (f)	salamander	[salamandər]
camaleão (m)	verkleurmannetjie	[fərklœr·manneki]
escorpião (m)	skerpioen	[skerpiun]

tartaruga (f)	skilpad	[skilpat]
rã (f)	padda	[padda]
sapo (m)	brulpadda	[brul·padda]
crocodilo (m)	krokodil	[krokodil]

141. Insetos

inseto (m)	insek	[insek]
borboleta (f)	skoenlapper	[skunlappər]
formiga (f)	mier	[mir]
mosca (f)	vlieg	[fliχ]
mosquito (m)	muskiet	[muskit]
escaravelho (m)	kewer	[kevər]

vespa (f)	perdeby	[perdə·baj]
abelha (f)	by	[baj]
zangão (m)	hommelby	[homməl·baj]
moscardo (m)	perdevlieg	[perdə·fliχ]

| aranha (f) | spinnekop | [spinnə·kop] |
| teia (f) de aranha | spinnerak | [spinnə·rak] |

libélula (f)	naaldekoker	[nāldə·kokər]
gafanhoto-do-campo (m)	sprinkaan	[sprinkān]
traça (f)	mot	[mot]

barata (f)	kakkerlak	[kakkerlak]
carraça (f)	bosluis	[boslœis]
pulga (f)	vlooi	[floj]
borrachudo (m)	muggie	[muχχi]

gafanhoto (m)	treksprinkhaan	[trek·sprinkhān]
caracol (m)	slak	[slak]
grilo (m)	kriek	[krik]
pirilampo (m)	vuurvliegie	[fɪrfliχi]
joaninha (f)	lieweheersbesie	[livehɛərs·besi]
besouro (m)	lentekewer	[lentekevər]

sanguessuga (f)	bloedsuier	[blud·sœiər]
lagarta (f)	ruspe	[ruspə]
minhoca (f)	erdwurm	[ɛrd·vurm]
larva (f)	larwe	[larvə]

Flora

142. Árvores

árvore (f)	boom	[boəm]
decídua	bladwisselend	[bladwisselent]
conífera	kegeldraend	[keχɛldraent]
perene	immergroen	[immərχrun]
macieira (f)	appelboom	[appɛl·boəm]
pereira (f)	peerboom	[peər·boəm]
cerejeira (f)	soetkersieboom	[sutkersi·boəm]
ginjeira (f)	suurkersieboom	[sɪrkersi·boəm]
ameixeira (f)	pruimeboom	[prœimə·boəm]
bétula (f)	berk	[berk]
carvalho (m)	eik	[æjk]
tília (f)	lindeboom	[lində·boəm]
choupo-tremedor (m)	trilpopulier	[trilpopulir]
bordo (m)	esdoring	[ɛsdoriŋ]
espruce-europeu (m)	spar	[spar]
pinheiro (m)	denneboom	[dɛnnə·boəm]
alerce, lariço (m)	lorkeboom	[lorkə·boəm]
abeto (m)	den	[den]
cedro (m)	seder	[sedər]
choupo, álamo (m)	populier	[populir]
tramazeira (f)	lysterbessie	[lajstərbɛssi]
salgueiro (m)	wilger	[vilχər]
amieiro (m)	els	[ɛls]
faia (f)	beuk	[bøək]
ulmeiro (m)	olm	[olm]
freixo (m)	esboom	[ɛs·boəm]
castanheiro (m)	kastaiing	[kastajiŋ]
magnólia (f)	magnolia	[maχnolia]
palmeira (f)	palm	[palm]
cipreste (m)	sipres	[sipres]
mangue (m)	wortelboom	[vortəl·boəm]
embondeiro, baobá (m)	kremetart	[kremetart]
eucalipto (m)	bloekom	[blukom]
sequoia (f)	mammoetboom	[mammut·boəm]

143. Arbustos

arbusto (m)	struik	[strœik]
arbusto (m), moita (f)	bossie	[bossi]

videira (f)	wingerdstok	[viŋərd·stok]
vinhedo (m)	wingerd	[viŋərt]
framboeseira (f)	framboosstruik	[framboəs·strœik]
groselheira-preta (f)	swartbessiestruik	[swartbɛssi·strœik]
groselheira-vermelha (f)	rooi aalbessiestruik	[roj ālbɛssi·strœik]
groselheira (f) espinhosa	appelliefiestruik	[appɛllifi·strœik]
acácia (f)	akasia	[akasia]
bérberis (f)	suurbessie	[sɪr·bɛssi]
jasmim (m)	jasmyn	[jasmajn]
junípero (m)	jenewer	[jenevər]
roseira (f)	roosstruik	[roəs·strœik]
roseira (f) brava	hondsroos	[honds·roəs]

144. Frutos. Bagas

fruta (f)	vrug	[fruχ]
frutas (f pl)	vrugte	[fruχtə]
maçã (f)	appel	[appəl]
pera (f)	peer	[peər]
ameixa (f)	pruim	[prœim]
morango (m)	aarbei	[ārbæj]
ginja (f)	suurkersie	[sɪr·kersi]
cereja (f)	soetkersie	[sut·kersi]
uva (f)	druif	[drœif]
framboesa (f)	framboos	[framboəs]
groselha (f) preta	swartbessie	[swartbɛssi]
groselha (f) vermelha	rooi aalbessie	[roj ālbɛssi]
groselha (f) espinhosa	appelliefie	[appɛllifi]
oxicoco (m)	bosbessie	[bosbɛssi]
laranja (f)	lemoen	[lemun]
tangerina (f)	nartjie	[narki]
ananás (m)	pynappel	[pajnappəl]
banana (f)	piesang	[pisaŋ]
tâmara (f)	dadel	[dadəl]
limão (m)	suurlemoen	[sɪr·lemun]
damasco (m)	appelkoos	[appɛlkoəs]
pêssego (m)	perske	[perskə]
kiwi (m)	kiwi, kiwivrug	[kivi], [kivi·fruχ]
toranja (f)	pomelo	[pomelo]
baga (f)	bessie	[bɛssi]
bagas (f pl)	bessies	[bɛssis]
arando (m) vermelho	pryselbessie	[prajsɛlbɛssi]
morango-silvestre (m)	wilde aarbei	[vildə ārbæj]
mirtilo (m)	bloubessie	[blæubɛssi]

145. Flores. Plantas

flor (f)	blom	[blom]
ramo (m) de flores	boeket	[buket]
rosa (f)	roos	[roəs]
tulipa (f)	tulp	[tulp]
cravo (m)	angelier	[anχəlir]
gladíolo (m)	swaardlelie	[swārd·leli]
centáurea (f)	koringblom	[koriŋblom]
campânula (f)	grasklokkie	[χras·klokki]
dente-de-leão (m)	perdeblom	[perdə·blom]
camomila (f)	kamille	[kamillə]
aloé (m)	aalwyn	[ālwajn]
cato (m)	kaktus	[kaktus]
fícus (m)	rubberplant	[rubbər·plant]
lírio (m)	lelie	[leli]
gerânio (m)	malva	[malfa]
jacinto (m)	hiasint	[hiasint]
mimosa (f)	mimosa	[mimosa]
narciso (m)	narsing	[narsiŋ]
capuchinha (f)	kappertjie	[kapperki]
orquídea (f)	orgidee	[orχideə]
peónia (f)	pinksterroos	[pinkstər·roəs]
violeta (f)	viooltjie	[fioəlki]
amor-perfeito (m)	gesiggie	[χesiχi]
não-me-esqueças (m)	vergeet-my-nietjie	[ferχeət-maj-niki]
margarida (f)	madeliefie	[madelifi]
papoula (f)	papawer	[papavər]
cânhamo (m)	hennep	[hɛnnəp]
hortelã (f)	kruisement	[krœisəment]
lírio-do-vale (m)	dallelie	[dalleli]
campânula-branca (f)	sneeuklokkie	[sniʋ·klokki]
urtiga (f)	brandnetel	[brant·netəl]
azeda (f)	veldsuring	[fɛltsuriŋ]
nenúfar (m)	waterlelie	[vatər·leli]
feto (m), samambaia (f)	varing	[fariŋ]
líquen (m)	korsmos	[korsmos]
estufa (f)	broeikas	[bruikas]
relvado (m)	grasperk	[χras·perk]
canteiro (m) de flores	blombed	[blom·bet]
planta (f)	plant	[plant]
erva (f)	gras	[χras]
folha (f) de erva	grasspriet	[χras·sprit]

folha (f)	blaar	[blɑ̄r]
pétala (f)	kroonblaar	[kroən·blɑ̄r]
talo (m)	stingel	[stiŋəl]
tubérculo (m)	knol	[knol]
broto, rebento (m)	saailing	[sɑ̄jliŋ]
espinho (m)	doring	[doriŋ]
florescer (vi)	bloei	[blui]
murchar (vi)	verlep	[ferlep]
cheiro (m)	reuk	[røək]
cortar (flores)	sny	[snaj]
colher (uma flor)	pluk	[pluk]

146. Cereais, grãos

grão (m)	graan	[χrɑ̄n]
cereais (plantas)	graangewasse	[χrɑ̄n·χəwassə]
espiga (f)	aar	[ɑ̄r]
trigo (m)	koring	[koriŋ]
centeio (m)	rog	[roχ]
aveia (f)	hawer	[havər]
milho-miúdo (m)	gierst	[χirst]
cevada (f)	gars	[χars]
milho (m)	mielie	[mili]
arroz (m)	rys	[rajs]
trigo-sarraceno (m)	bokwiet	[bokwit]
ervilha (f)	ertjie	[ɛrki]
feijão (m)	nierboon	[nir·boən]
soja (f)	soja	[soja]
lentilha (f)	lensie	[lɛŋsi]
fava (f)	boontjies	[boənkis]

PAÍSES. NACIONALIDADES

147. Europa Ocidental

Europa (f)	Europa	[øəropa]
União (f) Europeia	Europese Unie	[øəropesə uni]
Áustria (f)	Oostenryk	[oəstenrajk]
Grã-Bretanha (f)	Groot-Brittanje	[χroət-brittanje]
Inglaterra (f)	Engeland	[ɛŋəlant]
Bélgica (f)	België	[belχiɛ]
Alemanha (f)	Duitsland	[dœitslant]
Países (m pl) Baixos	Nederland	[nedərlant]
Holanda (f)	Holland	[hollant]
Grécia (f)	Griekeland	[χrikəlant]
Dinamarca (f)	Denemarke	[denemarkə]
Irlanda (f)	Ierland	[irlant]
Islândia (f)	Ysland	[ajslant]
Espanha (f)	Spanje	[spanje]
Itália (f)	Italië	[italiɛ]
Chipre (m)	Ciprus	[siprus]
Malta (f)	Malta	[malta]
Noruega (f)	Noorweë	[noərweɛ]
Portugal (m)	Portugal	[portuχal]
Finlândia (f)	Finland	[finlant]
França (f)	Frankryk	[frankrajk]
Suécia (f)	Swede	[swedə]
Suíça (f)	Switserland	[switsərlant]
Escócia (f)	Skotland	[skotlant]
Vaticano (m)	Vatikaan	[fatikãn]
Liechtenstein (m)	Lichtenstein	[liχtɛŋstejn]
Luxemburgo (m)	Luksemburg	[luksemburχ]
Mónaco (m)	Monako	[monako]

148. Europa Central e de Leste

Albânia (f)	Albanië	[albaniɛ]
Bulgária (f)	Bulgarye	[bulχaraje]
Hungria (f)	Hongarye	[honχaraje]
Letónia (f)	Letland	[letlant]
Lituânia (f)	Litoue	[litæʊə]
Polónia (f)	Pole	[polə]

Roménia (f)	Roemenië	[rumeniɛ]
Sérvia (f)	Serwië	[serwiɛ]
Eslováquia (f)	Slowakye	[slovakaje]

Croácia (f)	Kroasië	[kroasiɛ]
República (f) Checa	Tjeggië	[tʃeχiɛ]
Estónia (f)	Estland	[ɛstlant]

Bósnia e Herzegovina (f)	Bosnië & Herzegowina	[bosniɛ en hersegovina]
Macedónia (f)	Masedonië	[masedoniɛ]
Eslovénia (f)	Slovenië	[slofeniɛ]
Montenegro (m)	Montenegro	[montənegro]

149. Países da ex-URSS

| Azerbaijão (m) | Azerbeidjan | [azerbæjdjan] |
| Arménia (f) | Armenië | [armeniɛ] |

Bielorrússia (f)	Belarus	[belarus]
Geórgia (f)	Georgië	[χeorχiɛ]
Cazaquistão (m)	Kazakstan	[kasakstan]
Quirguistão (m)	Kirgisië	[kirχisiɛ]
Moldávia (f)	Moldawië	[moldaviɛ]

| Rússia (f) | Rusland | [ruslant] |
| Ucrânia (f) | Oekraïne | [ukraïnə] |

Tajiquistão (m)	Tadjikistan	[tadʒikistan]
Turquemenistão (m)	Turkmenistan	[turkmenistan]
Uzbequistão (f)	Oezbekistan	[uzbekistan]

150. Asia

Ásia (f)	Asië	[asiɛ]
Vietname (m)	Viëtnam	[viɛtnam]
Índia (f)	Indië	[indiɛ]
Israel (m)	Israel	[israəl]

China (f)	Sjina	[ʃina]
Líbano (m)	Libanon	[libanon]
Mongólia (f)	Mongolië	[monχoliɛ]

| Malásia (f) | Maleisië | [malæjsiɛ] |
| Paquistão (m) | Pakistan | [pakistan] |

Arábia (f) Saudita	Saoedi-Arabië	[saudi-arabiɛ]
Tailândia (f)	Thailand	[tajlant]
Taiwan (m)	Taiwan	[tajvan]
Turquia (f)	Turkye	[turkaje]
Japão (m)	Japan	[japan]
Afeganistão (m)	Afghanistan	[afχanistan]
Bangladesh (m)	Bangladesj	[bangladeʃ]

| Indonésia (f) | Indonesië | [indonesiɛ] |
| Jordânia (f) | Jordanië | [jordaniɛ] |

Iraque (m)	Irak	[irak]
Irão (m)	Iran	[iran]
Camboja (f)	Kambodja	[kambodja]
Kuwait (m)	Kuwait	[kuvajt]

Laos (m)	Laos	[laos]
Myanmar (m), Birmânia (f)	Myanmar	[mjanmar]
Nepal (m)	Nepal	[nepal]
Emirados Árabes Unidos	Verenigde Arabiese Emirate	[ferenixdə arabisə emiratə]

| Síria (f) | Sirië | [siriɛ] |
| Palestina (f) | Palestina | [palestina] |

| Coreia do Sul (f) | Suid-Korea | [sœid-korea] |
| Coreia do Norte (f) | Noord-Korea | [noərd-korea] |

151. America do Norte

Estados Unidos da América	Verenigde State van Amerika	[ferenixdə statə fan amerika]
Canadá (m)	Kanada	[kanada]
México (m)	Meksiko	[meksiko]

152. America Centrale do Sul

Argentina (f)	Argentinië	[arxentiniɛ]
Brasil (m)	Brasilië	[brasiliɛ]
Colômbia (f)	Colombia, Kolombië	[kolombia], [kolombiɛ]

| Cuba (f) | Kuba | [kuba] |
| Chile (m) | Chili | [tʃili] |

| Bolívia (f) | Bolivië | [boliviɛ] |
| Venezuela (f) | Venezuela | [fenesuela] |

| Paraguai (m) | Paraguay | [paragwaj] |
| Peru (m) | Peru | [peru] |

Suriname (m)	Suriname	[surinamə]
Uruguai (m)	Uruguay	[urugwaj]
Equador (m)	Ecuador	[ɛkuador]

| Bahamas (f pl) | die Bahamas | [di bahamas] |
| Haiti (m) | Haïti | [haïti] |

República (f) Dominicana	Dominikaanse Republiek	[dominikāŋsə republik]
Panamá (m)	Panama	[panama]
Jamaica (f)	Jamaika	[jamajka]

153. Africa

Egito (m)	Egipte	[εχiptə]
Marrocos	Marokko	[marokko]
Tunísia (f)	Tunisië	[tunisiε]
Gana (f)	Ghana	[χana]
Zanzibar (m)	Zanzibar	[zanzibar]
Quénia (f)	Kenia	[kenia]
Líbia (f)	Libië	[libiε]
Madagáscar (m)	Madagaskar	[madaχaskar]
Namíbia (f)	Namibië	[namibiε]
Senegal (m)	Senegal	[seneχal]
Tanzânia (f)	Tanzanië	[tansaniε]
África do Sul (f)	Suid-Afrika	[sœid-afrika]

154. Australia. Oceania

Austrália (f)	Australië	[ɔustraliε]
Nova Zelândia (f)	Nieu-Seeland	[niu-seəlant]
Tasmânia (f)	Tasmanië	[tasmaniε]
Polinésia Francesa (f)	Frans-Polinesië	[fraŋs-polinesiε]

155. Cidades

Amesterdão	Amsterdam	[amsterdam]
Ancara	Ankara	[ankara]
Atenas	Athene	[atenə]
Bagdade	Bagdad	[baχdat]
Banguecoque	Bangkok	[baŋkok]
Barcelona	Barcelona	[barselona]
Beirute	Beiroet	[bæjrut]
Berlim	Berlyn	[berlæjn]
Bombaim	Moembai	[mumbaj]
Bona	Bonn	[bonn]
Bordéus	Bordeaux	[bordo:]
Bratislava	Bratislava	[bratislava]
Bruxelas	Brussel	[brussəl]
Bucareste	Boekarest	[bukarest]
Budapeste	Boedapest	[budapest]
Cairo	Cairo	[kajro]
Calcutá	Kalkutta	[kalkutta]
Chicago	Chicago	[ʃikago]
Cidade do México	Meksiko Stad	[meksiko stat]
Copenhaga	Kopenhagen	[kopənχagen]
Dar es Salaam	Dar-es-Salaam	[dar-es-salām]

Deli	**Delhi**	[deli]
Dubai	**Dubai**	[dubaj]
Dublin, Dublim	**Dublin**	[dablin]
Düsseldorf	**Dusseldorf**	[dussɛldorf]
Estocolmo	**Stockholm**	[stokχolm]
Florença	**Florence**	[florɛŋs]
Frankfurt	**Frankfurt**	[frankfurt]
Genebra	**Genève**	[dʒənɛ:v]
Haia	**Den Haag**	[den hāχ]
Hamburgo	**Hamburg**	[hamburχ]
Hanói	**Hanoi**	[hanoj]
Havana	**Havana**	[havana]
Helsínquia	**Helsinki**	[hɛlsinki]
Hiroshima	**Hiroshima**	[hiroʃima]
Hong Kong	**Hongkong**	[hoŋkoŋ]
Istambul	**Istanbul**	[istanbul]
Jerusalém	**Jerusalem**	[jerusalem]
Kiev	**Kiëf**	[kiɛf]
Kuala Lumpur	**Kuala Lumpur**	[kuala lumpur]
Lisboa	**Lissabon**	[lissabon]
Londres	**Londen**	[londen]
Los Angeles	**Los Angeles**	[los andʒəles]
Lyon	**Lyon**	[lioŋ]
Madrid	**Madrid**	[madrit]
Marselha	**Marseille**	[marsæj]
Miami	**Miami**	[majami]
Montreal	**Montreal**	[montreal]
Moscovo	**Moskou**	[moskæʊ]
Munique	**München**	[mønchen]
Nairóbi	**Nairobi**	[najrobi]
Nápoles	**Napels**	[napɛls]
Nisa	**Nice**	[nis]
Nova York	**New York**	[nju jork]
Oslo	**Oslo**	[oslo]
Ottawa	**Ottawa**	[ottava]
Paris	**Parys**	[parajs]
Pequim	**Beijing**	[bæjdʒiŋ]
Praga	**Praag**	[prāχ]
Rio de Janeiro	**Rio de Janeiro**	[rio də janæjro]
Roma	**Rome**	[romə]
São Petersburgo	**Sint-Petersburg**	[sint-petersburg]
Seul	**Seoel**	[seul]
Singapura	**Singapore**	[singaporə]
Sydney	**Sydney**	[sidni]
Taipé	**Taipei**	[tæjpæj]
Tóquio	**Tokio**	[tokio]
Toronto	**Toronto**	[toronto]
Varsóvia	**Warskou**	[varskæʊ]

Veneza	**Venesië**	[fenesiɛ]
Viena	**Wene**	[venə]
Washington	**Washington**	[vaʃington]
Xangai	**Shanghai**	[ʃangaj]

www.ingramcontent.com/pod-product-compliance
Lightning Source LLC
Chambersburg PA
CBHW070602050426
42450CB00011B/2950